みんなが知りたかった!

最新×稼げる 副業・起業

EYE LOVE EYE
TAC出版

収入増につながる「得」ヒント満載!!

はじめに

——こんな儲けのネタがあったのか！

◉自分の身を自分で守る時代

ボーナス・給料カット、昇給なし……。こうした話はいまや当たり前に聞くようになり、いまと同じの年収を稼ぐのも簡単ではなくなってくるでしょう。

テクノロジーの進化により、いずれ消えてしまう仕事があるともいわれています。技術革新は私たちの生活に大きな変化をもたらすことでしょう。労働者派遣法など雇用に関する法律の改正も行われています。

このようにさまざまな形で雇用環境が激変しています。安定収入を得るには努力や工夫も必要となってくるでしょう。「自分の身を自分で守る力」がさらに求められるということです。

◉副業・起業のリアルを知る

本書を手に取っていただいた方は、おそらく本業に加え収入を得たいと考える方が多いと思います。収入を増やそうと考える理由は、将来の夢を叶えたい、お小遣い稼ぎをしたい、自分の可能性を探したい、などさまざまでしょう。

本書は、着実に稼ぎたい人からデッカく稼ぎたい人まで役立つよう作りました。儲かる仕事は何か、どうすれば稼げるか？　知っておけば損をしない「秘」情報までを、本書は取り上げ、いまどきの副業・起業の真実、今後注目される仕事、助成金など実際に使える制度ほかいろいろな角度から情報を掲載しました。いますぐできる儲けのネタが盛り込まれておりますので、是非読んでみてください。

読者のみなさんのライフプランニングにこの本を活用していただければ幸いです。

みんなが知りたかった！

『最新×稼げる 副業・起業』

目次

＊本書に記載されている各仕事の報酬・内容などは、モデルケースとして確認のとれたものを記載していますが、ケースにより異なる場合もあります。

＊本書の情報を利用した結果の損失などについては、本書関係者は一切の責任を負いません。ご判断はご自身の自己責任で進めていただきますよう、お願い申し上げます。

第1部

最新×稼げる
副業・起業
厳選!!
お仕事マニュアル大全

あなたはどのタイプで稼ぐ!?

おススメ! 副業ポジショニングマップ

機転・人脈を生かす

ガッポリ型

- 独自のアイデアで一発狙い
- 大きく稼ぐのが夢
- 一攫千金を目指し努力したい

リスクも覚悟

デイトレード
競売物件取引
個人輸入*
ネットオークション*
株取引
ＦＸなど

粘り強く取りくむ

ユーチューバー
アフィリエイト
婚活・終活ビジネス
遊休地リサーチャーなど

＊個人輸入やネットオークションはやり方により ガッポリ型にもチョコチョコ型にもなります。

収入高め

ジックリ型

- 技術や資格を手に入れるための勉強は苦にならない
- 将来の独立・起業を見すえている
- 長期間安定収入を得たい

経営する

マンション経営
塾経営
介護関係
フランチャイズなど

専門性をみがく

調剤薬局事務
電気工事士
料理研究
マッサージ師
ペーパードライバー教習ビジネス
便利屋など

専門性の高い知識を生かす

Web系／アイデア・クリエイティブ

チョコチョコ型

- 資格不要、資金少で可
- 体力に自信なし
- 会社の人間にバレにくい
- 趣味を生かして楽しく稼ぎたい

少ない元手で稼ぐ

個人輸出
個人輸入＊
ネットオークション＊
せどりなど

好きなことで稼ぐ

ラインスタンプ
Web ライター
ゲームライター
ゲームテスター
パズル作家
ストックフォト
エキストラ
番組観覧など

すき間時間で稼ぐ

商品モニター
モーニングコール
チャットフレンドなど

総合的に楽

収入低め

コツコツ型

- 週末などにしっかり働いて定期収入を得たい
- 着実に稼ぎたい

仕事につきやすい

飲食業
ゴルフ場キャディ
人力車夫
話し相手ビジネス
運転代行業
レンタル家族
ペットシッターなど

体を動かすことが好き

高層ビル窓ふき
チラシのポスティングなど

コツコツ型の中では収入高め

バイク便ライダー
自転車メッセンジャー
スーツアクターなど

総合的に大変

実務系／体力・技術

＊それぞれの職業に対する見方は人によって差があります。

着実に稼ぐ！ 俺の体の有効活用法

コツコツ型

一押し バイク便ライダー

おススメのワークスタイル

サラリーマンやＯＬは勤務時間がかぶるため、副業は週末に。最終的には本業にして稼ぐのが最適。
月～金の９：００～１７：００までバッチリ働けば、**月４０万円以上**になる。

バイク便ライダーは、「一刻を争うような配送」に利用される。都会では、車の渋滞が日常的で、また鉄道を利用すると時間がかかる地域もある。そんな状況で最速の配送手段がバイク便なのだ。

お客様から見たバイク便の利点は!!

① 目的の相手に荷物を渡したという報告が受けられる
② 簡単なメッセージを伝えることができる

バイク便ライダーに求められる資質

① 道に詳しい
② 違反なく最速のスピードで走り、安全運転ができる

稼げるバイト

❶ **1日の収入＝時給換算すると高額**

1日4件で、だいたい5000～8000円ほど（配達1件あたり平均単価3000～4000円の売上の4～5割が収入となる、完全歩合制の場合）

⬇月40万円以上稼ぐ人も！

❷ **時間＝比較的自由**

24時間365日営業の会社を狙えば、自分の都合で働けて、制約を受けにくい

バイク便のお仕事

バイク好きにはうってつけのお仕事だ。バイクを持ち込みできる人は優遇される傾向にある。**報酬は完全歩合制であることが多く、売上の4～5割程度が収入となる。**お客様から得られる料金は会社によってさまざまだが、だいたいタクシーのように距離によって料金が決まっている。

バイク便には、依頼者からお届け先まで直行する「直行便」と、複数の荷物を集配する「混載便」があり、「混載便」なら宅配便より安いケースもある。また企業だけでなく個人の配達も引き受ける会社もある。バイク便もさまざまに進化しているのだ。

大手のバイク便会社では研修が充実しているので、初心者であっても、知識や技術を習得できる。

体力的にはかなりキツい職業だし、常に時間と戦わなくてはならないので精神的にもプレッシャーのある仕事だ。事故を起こす危険も皆無ではない。高額バイトだが、リスクもあることを忘れないようにしよう。

起業も視野に！

将来の起業も視野に入れると、事業が軌道に乗れば、バイトの倍以上儲かると考えていい。起業するには各地域の運輸局に申請して認可される必要があるが、特に難しいことではない。

バイク便に限らないが、起業して一番苦労するのは、顧客の確保だ。開業したてのときは、信用も実績も何もないので、仕事を得ることは大変だ。顧客の見込みがないのに起業すると失敗する。だから事前準備が必要となる。

起業を目指すなら、バイク便の仕事を何社か経験し、ある一定のエリアを熟知していることが必要だ。それができれば、自分が独立したときに、どの会社が顧客になってくれるかなどがわかるようになる。

File 01　儲かり度解析

収入	月収40万円以上も可
時間	主に朝～夕方（休日・深夜も）
メリット	効率よく稼げる／バイク好きにはメリット満載
デメリット	体力的にキツい／事故のリスクがある
能力・資格	自動二輪免許取得／地理に明るい
一言	起業に最適

注意しておきたい点

頑張っただけ稼げる仕事。ただしサラリーマンやＯＬは勤務時間帯が重複することも。

送迎バス運転手

File 02 儲かり度解析

コツコツ型

収入	時給 **1000**円前後
時間	朝／昼／夜／深夜
メリット	運転の仕事としては比較的ラクで女性、高齢者もＯＫ
デメリット	大きくは稼げない
能力・資格	中型免許（職場によっては大型二種免許）
一言	仕事中、意外な役得があることも

こんな人におススメ

あいている時間で地道に稼ぎたい人向き。

おススメのワークスタイル

早朝の２時間か深夜の２時間程度を月～金で働くのがおススメ。そうすると月に**４万5000円**ぐらいの収入になる。本業に影響がほとんど出ない副業。

送迎バスの運転手は、幼稚園児や高齢者を送迎したり、ゴルフ場の送迎、学習塾の生徒の送迎、温泉地のような観光地で駅からお客様を旅館やホテルに送ったりするなど多種多様だ。安全運転と運転技術に自信のある人の副業に適している。

多くの人命を預かる仕事

時給換算すると１０００円前後になることが多く、金額的にはうま味はないが、バスの運転だけなら体力的にもキツくなく、高齢者や体力のない女性も多く働いている。

しかし、介護や福祉関係の送迎の場合は、乗客の乗降の補助や、場合によっては高齢者を玄関まで送り届ける業務も付加されることがあり、体力が必要になるので、業務内容を事前によく確認しておかなければならない。車両の清掃が業務に入っていることも多い。

ゴルフ場への送迎の場合、コースがあいていれば無料でプレイができる役得があることもある。また規模の大きい料理店へお客様を送迎する仕事もあるが、酔っ払いを送る苦労もある一方、お客様に気に入られればチップがもらえる。

乗客が10人以下なら普通免許でかまわないが、**送迎バス運転手の求人の多くが11人以上29人以下のマイクロバスが運転できる中型免許所有者**を求めている。

中型免許は運転が得意な人にとっては、取得が難しいものではなく、一般的に費用は10万円程度、期間は1カ月以内で取れるだろう。

知っ得！まめ知識

同じ運転の仕事でもタクシーは、歩合の比率も高く、お客様を乗せられなければ、お金にならない。また、勤務時間も休憩時間はあるものの20時間働き続ける場合もある。配送の仕事は、重い荷物を運ばなくてはならないので体力が必要になる。ほかに企業の役員の送迎は要人を運ぶ以上、特に慎重な運転や豊富な経験が必要だ。それだけに収入がいいが、バイトや副業での需要は少なく、正社員の求人がほとんどだ。その点、送迎バスは比較的、バイトや副業としてやりやすい仕事といえるだろう。

File 03 儲かり度解析

収入	時給 **1000～1200**円前後
時間	深夜がメイン
メリット	サラリーマン、ＯＬは勤務時間とカブりにくい 肉体を酷使するわけではなく、体力的に比較的ラク
デメリット	酔っ払いに絡まれることも。
能力・資格	二種免許
一言	夜の22：00～午前３：00が稼ぎどき！

こんなスタイルもあり★

既婚者なら奥さんに随伴車を運転してもらい、二人三脚で月収40万～50万円も可。

コツコツ型

運転代行業

おススメのワークスタイル

22：00～午前３：00。副業で始め深夜の時間帯をムリせず、**週４日働くと月８万円程度**の収入になる。

運転代行業は、お酒を飲んで自分の車を運転できなくなったお客様の代わりに車を目的地まで運転する仕事だ。通常、営業所に待機していて、依頼があると２人１組で随伴車に乗り、飲食店へ行く。そこで１人がお客様の車にお客様を乗せて運転し、もう１人が随伴車で追走する。

心やさしい夜の運転手

運転代行業をアルバイトでする場合、**バイト代はおおむね1000円から1200円程度**だ。ただし、**これはお客様の車を運転する場合で、二種免許が必要となる。**一種免許しか持っていない人は、随伴車を運転することになるが、バイト代は200円ほど安くなることが多い。月給制のところもあって、それだと10万円から15万円になる。

運転が好きで得意、安全運転ができる人には最適なアルバイトだ。営業の時間帯は**夜の9時～夜中の3時頃**であることが多く、体力的にも昼間の本業に影響が出るほどではないが、人によっては寝不足になり、週3回が限度という話もある。ただ、お客様は酔っ払っているので、途中で寝てしまったり、絡まれたりする可能性もあることは覚えておこう。

資格のない人の起業に最適

起業はとても簡単で、車さえ持っていれば、費用も申請代の1万3000円ほどですむ。たとえば、一種免許を持つ奥さんにマイカーの随伴車を運転してもらうようにすれば、人件費も車両費もタダ、家の近くの飲食店にチラシを貼らせてもらい、ネットで広告すれば、宣伝費もほとんどかからない。

客単価の相場は地域によって異なるが、**1人3000円程度であっても、1日5～6人のお客様がいれば、月に40万～50万円の収入になる。**競合の代行業者やタクシー料金を調べて料金設定しよう。

意外とあき時間があるのもポイント。ほかの副業もできる可能性がある。

コツコツ型 ホテルのベッドメイキング

File 04 儲かり度解析

収入	時給 **850～1000円** 前後
時間	24H（本業との両立には22：00～午前2：00がベスト）
メリット	年齢・性別・学歴など不問
デメリット	休日は目が回るほど忙しい
能力・資格	テキパキと仕事ができる
一言	ペアやグループになる人との人間関係が大事

こんな人におススメ

接客が苦手な人など、誰でもできる仕事。

おススメのワークスタイル

本業に影響しないように会社終りの**22：00～午前2：00**までを休日を含む週4日、ラブホテルでバイトすると月**6万～7万円**程度、稼ぐことができる。

ベッドメイキングとは、ホテルの宿泊客がチェックアウトしたあとに、ホテルの部屋に入って、部屋をきれいにする仕事だ。床には掃除機をかけ、浴槽や洗面台はスポンジで磨く。トイレ掃除も重要だ。ピカピカにしないとホテルの信用にもかかわる。

そしてベッドのシーツや枕カバーなどを交換し、石鹸やシャンプー、トイレットペーパーなどを補充する。

あいた時間でき、定収入になる

1人で担当することもあるが、2～3人でチームを組み、分担して作業することが多い。未経験であっても、たいてい先輩が丁寧に教えてくれるので心配はない。

通常、宿泊客がチェックアウトしてから次の宿泊客がチェックインするまでの**3時間から5時間の間に仕事をすませなければならない**ので、テキパキと仕事ができる人が向いている。また、汚れていても気がつかないような人には向いていない。

掃除のコツは、当たり前だが、汚れているところは入念にキレイにし、汚れがなければサッとすませることだ。よく部屋の汚れ具合に関係なく、どの部屋も同じように清掃する人がいるが、部屋ごとに清潔度にムラがでるし、時間もかかってしまう。意外と頭を使い、目配り、気配りが大切な仕事なのだ。

そして、正月休みや夏休み、ゴールデンウィークや週末など、繁忙期はまさに目が回るほど忙しいのが普通なので覚悟しておこう。

年齢、性別、学歴などは不問の仕事で、時給は850円から1000円とごく平均的だ。リゾートホテルで、週末や休日の忙しい時期だけ働くという方法もある。

ラブホテルの場合は、深夜などの時間帯の仕事が多くなる。普通のホテルよりも時給は高めだが、ごく短時間で掃除を完了しなければならないことや、部屋中にコンドームや体液などが飛び散らかっていることは、当然のことと覚悟しなければならない。

高層ビル窓ふき

コツコツ型

おススメのワークスタイル

1日仕事になるので**土日などの休日に1日8時間拘束**で働けば、**月に6万～10万円程度**の稼ぎになる。

高層ビルの窓ふきのアルバイトは高所で危険を伴い、強風のときはゴンドラが大揺れする。高所恐怖症の人には絶対にできない仕事だ。

安全管理は徹底されている

スリルのわりには、**800円から高くても1500円程度のごく平均的な時給でしかない。1日働いても8000円から1万円ぐらいにしかならないのだ。**

では不人気かというとそうではない。男性だけでなく女性の希望者も殺到している。アルバイトなどをする理由はいくつかあるが、その中に「非日常を求める」がある。ゴンドラに乗って高所で働く。落ちたら命がない究極の緊張感など、日常では味わえない体験だ。

実際は安全ベルトさえきちんと締めていれば、それほど危険はない。雨の日や風の強い日は作業は中止になるし、作業員の安全が徹底的に考慮されている。ビル清掃会社としては、人命にかかわる事故があったりビルが破損したりすることは絶対に避けなければならないという事情もある。

また、命綱一本で体を支えて窓ふきをする人たちも少数だが存在する。彼らは、レンジャー部隊のように、1本のロープを伝って降りながら窓ふきをするのだ。

File 05 儲かり度解析

収入	日給**8000～1万円**前後
時間	朝／昼
メリット	経験を積めば、日給1万5000円も!!
デメリット	落下の危険がある
能力・資格	高所が平気
一言	危険なわりには収入が少ない

資格があれば監督者に！

ビルクリーニング技能士の資格があると監督者になれる。

知っ得！まめ知識

ビルの清掃には「**ビルクリーニング技能士**」という国家資格がある。この資格を取得するとビルの窓ふきの仕事をする際に有利になる。

合格率は5～6割ほどで、それほど難しい試験ではない。この資格を持っているとビルの清掃員としてではなく、「**清掃作業監督者**」になることができ、同じビル清掃でもワンランク上の仕事をすることができる。受検資格があるので注意。

File 06

儲かり度解析

コツコツ型

収入	1軒 **3～5**円前後
時間	24H
メリット	人づきあいが苦手な人でもできる 時間が自由
デメリット	あまり稼げない
能力・資格	特にナシ
一言	これだけを長く続けるバイトではないかも

効率をよくするには……

バイクや自転車はいちいちスタンドを立てる時間が無駄。また徒歩だと歩きながらチラシを折れるので事前に折る必要がない。小走りがよい！

チラシのポスティング

おススメのワークスタイル

早朝や勤務時間後、深夜などを利用して**1日4時間程度**働くのがおススメ。時給換算すると1200円ぐらいになるので**週5回ぐらい働くと10万円ぐらい**の報酬になる。

ポスティングは、チラシやパンフレットなどを戸別に配布する仕事だ。普通出来高制で、一軒家は1軒につき5円、アパートやマンションなどの集合住宅は、1ポストにつき3円程度であることが多い。

早く配るコツは小走り

特に資格や年齢、性別などの制限があるわけではないので、誰でもすぐにできるバイトの1つだ。

ただし、チラシ配布の枚数と反応数は統計データとして蓄積されている。たとえば、1000枚まけば通常5件の反応があるなどと明確になっているため、不正をするとすぐにバレてクビになるので注意が必要だ。

ポスティングには、「反応があった分について高額の歩合を支給」といった形態もあるが、実際にどれだけ反応があったかは末端の従業者の身ではわからないので、こういうバイトは働き損になることがあり、おススメしない。

多くの場合、会社から詳細な地図を渡されて、その地図を見ながら配布する。**ほとんどが自宅の近隣で、範囲は2キロ圏内**だ。

「ポスティングお断り」の家にはマークがあって、間違って配布すると大変なことになる。またマンションでは「チラシお断り」のところも多く、無視して配布するとチラシの会社にクレームが来て、やはり大問題となる。また住民とトラブルになる可能性もあるのは念頭におきたい。

それほど稼げるわけではないので、このバイト単独では魅力あるものではない。しかし、自宅周辺の様子を詳細に知ることができる仕事なので、このバイトをしながら、後述する**「遊休地リサーチャー」（自動販売機の置き場所などを探す仕事）**をすれば、一石二鳥となり、儲かる副業に変身させることもできる。

先輩の声

ノルマさえこなせば、自分の好きなように動いていいし、軽い運動をしているような感覚ですね。割がいいバイトとは思いませんが、人と話すのは得意じゃない私にはぴったりの小遣い稼ぎです。

東京都　山本さん

File 07 儲かり度解析

ジックリ型

便利屋

収入	時給 **1000**円以上
時間	24H
メリット	多くのスキルが身につく
デメリット	肉体的にキツい仕事もある
能力・資格	臨機応変に対応できる万能力
一言	年代、内容を問わず幅広い仕事をするので、得た能力をもとに、新たな仕事と結びつけられる。独立起業も視野に。

自分を高められる仕事

いままでできなかったことができるようになる喜びを得られるというメリットもある。

おススメのワークスタイル

副業の場合は、**土日を含む週4日、1日4時間程度働く**のが、ベストだ。そうすれば、本業にも悪い影響はないだろう。週16時間働けば、**月に6万～7万円**になる。

便利屋は「なんでも屋」とも呼ばれるように、依頼者の要求に応じてなんでもやることが仕事だ。具体的には、家の中の掃除、障子や襖《ふすま》の張り替え、家具の移動や壁紙張り、庭掃除や草むしり、芝刈りや庭木の剪定、ペンキ塗りや犬の散歩、留守番や買い物の代行など、ありとあらゆる雑事をこなさなければならない。

困っている富裕層の高齢者を狙え！

最近は冠婚葬祭などの代理出席や、話し相手になったり、遺品の整理やハチの巣の除去まで業務内容としているところもある。便利屋がいま成長産業として独立、起業などで注目されているのは、高齢社会が進行して、1人暮らしの高齢者が増え、生活にいろいろと不便なことがあるからだ。

たとえば、体力が低下する高齢者にとっては、天井の蛍光灯をつけ替えるのも大変だ。10キロの米を米びつに入れるのも、洗濯物を干したり取り込んだりするのも、購入したパソコンソフトのインストールも容易ではない。こういった仕事を代行するのが便利屋だ。

便利屋をアルバイトでするときの時給は、通常のアルバイトよりやや高く設定されている場合が多く、1000円以上になることもある。アルバイトで仕事のノウハウを学ぶことがスキルの蓄積につながるので、独立を目指すのもいいだろう。

また、できることが多いほど依頼が多くなるので、便利屋の仕事は業務内容が徐々に増えていく。つまり、自分のスキルが増えていくわけだ。

攻略Point

【高齢者のお客様のつかみ方】

- まず真摯に悩みに耳を傾け、共感すること
- 粘り強く丁寧に対応する
- 「わからないこと」が当たり前と思い、相手の立場に立って行動する
- 親身になって接する。ときには話し相手になるなどする

信用を積み重ねていくことが、高齢者のお客様との関係を強化する！

成功のために絶対必要な3つの管理術

管理術①

時間管理編

Step 1 時間管理

本業と共倒れにならないためには

副業または起業を考えている人の最大の心配事は、本業に副業などが悪影響し、本業も副業も共倒れになってしまうのではないかということだ。

しかし、本業と副業を両立している人は星の数ほどいる。では両立している人たちは、どのように本業と副業を管理しているのだろうか。

ポジティブシンキングが決め手

両立している人たちはまず、物事をポジティブに考えている。つまり、副業が本業の負担となったり圧迫したりするものとは考えない。逆に、副業で得た知識や技術、仕事のコツなどが本業をより成長させてくれるものだと考えている。足りない生活費を稼ぐためだけに「嫌々」副業やバイトをするのでは「共倒れ」もするだろうし、長続きもしない。つまり、ポジティブに考えられない人は時間管理以前の問題で本業に専念したほうがいい。

時間管理の決め手は、やはりスケジュール表から

カギは、やはりスケジュール表にある。まず本業と副業のスケジュールを把握することが必要だ。そして、実際にスケジュール表を組み立ててみて、行動に移すと、見えてくることが必ずある。

たとえば、平日に副業は無理とわかれば、休日だけにするなど、調整は可能だ。ポイントは、最初から絶対無理をしないこと。無理してやる気まで失っては本末転倒だ。時間管理ができてから副業を増やしても遅くない。

3つの管理術

① 時間管理
② 健康管理
③ モチベーション管理

Step2 時間管理

満員電車で通勤するな

時間も体力も大幅お得!!

不動産・住宅情報サービスの「アットホーム」が2014年に東京に通勤しているサラリーマンを対象にしたアンケート調査を行ったところ、平均の通勤時間が片道58分であることがわかった。つまり、大半のサラリーマンが1日往復2時間を、満員電車に揺られてすごしているのだ。

サラリーマンの片道通勤時間

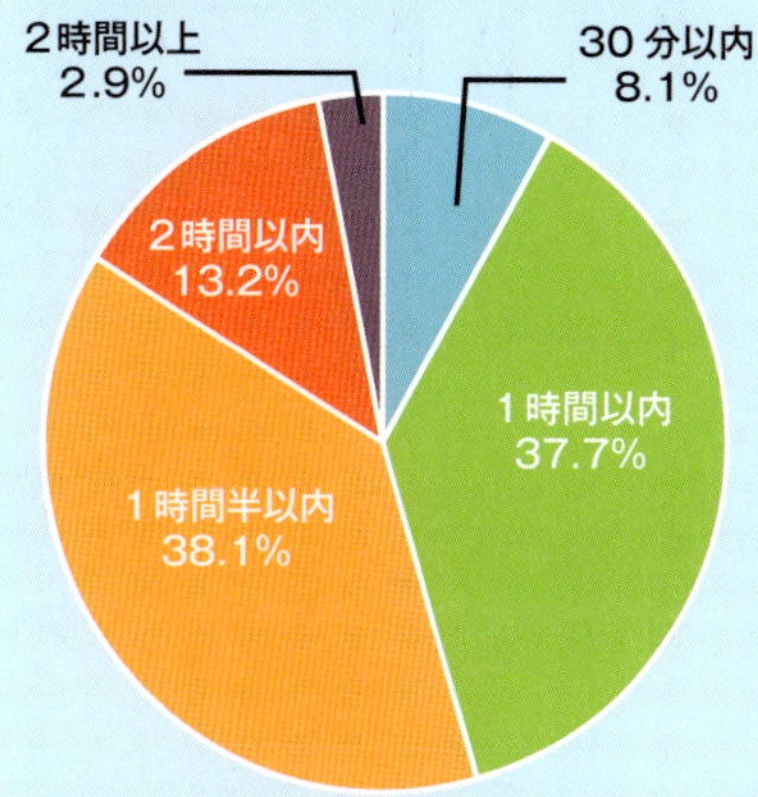

30分以内
8.1%
1時間以内
37.7%
1時間半以内
38.1%
2時間以内
13.2%
2時間以上
2.9%

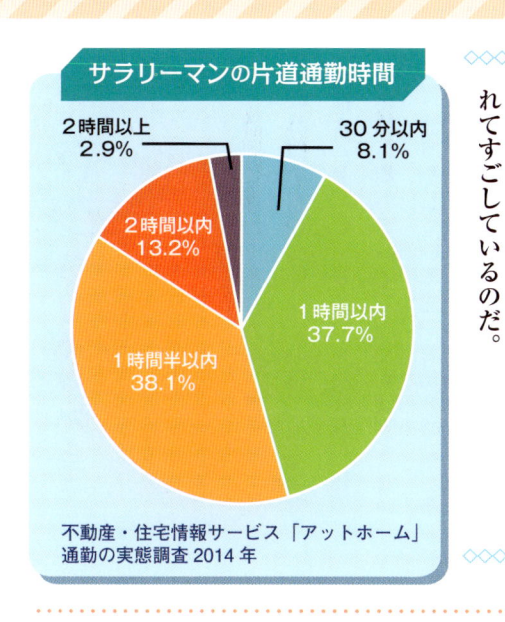

不動産・住宅情報サービス「アットホーム」
通勤の実態調査2014年

人と違うことをしてみる

朝の通勤時間は満員電車で何もできず、体力も消耗する。会社にたどりついたときにはクタクタで、仕事どころではない。無駄な時間であるだけでなく体力回復のためにさらに時間を費やさなければならず、まさに百害あって一利なしの時間なのだ。

では、**出勤時間を2時間ほど早めたら**どうだろう。たとえば、朝8時ではなく朝6時に家を出るようにする。すると確実に座席に座れるため、電車内の時間は無駄な時間から自由時間となる。

出勤前の時間はあなたにとって宝になり、電車内や会社の到着前に立ち寄るカフェなどで、副業や起業を実践したり、それらの勉強をしたり、本業と副業のスケジュールを確認することもできる。

さらに、頭は起床3時間後から回転し始めるので、ウォーミングアップは十分。勤務開始時間からフル回転でき、本業にもよい影響を与える。遅刻する心配もなくなりいいことずくめなのだ。

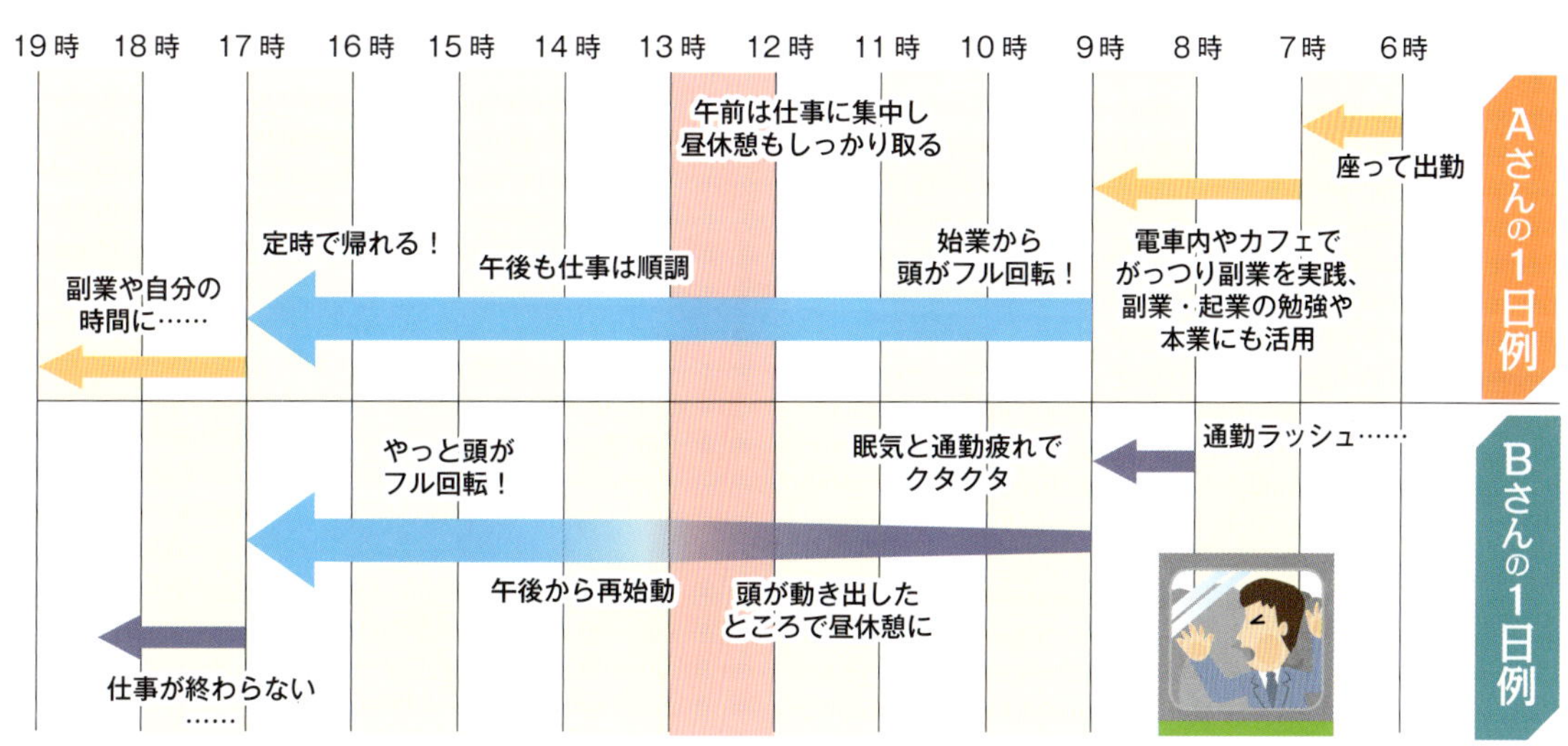

19時
18時
17時
16時
15時
14時
13時
12時
11時
10時
9時
8時
7時
6時
Aさんの1日例
座って出勤
午前は仕事に集中し
昼休憩もしっかり取る
電車内やカフェで
がっつり副業を実践、
副業・起業の勉強や
本業にも活用
始業から
頭がフル回転！
午後も仕事は順調
定時で帰れる！
副業や自分の
時間に……
Bさんの1日例
通勤ラッシュ……
眠気と通勤疲れで
クタクタ
やっと頭が
フル回転！
午後から再始動
頭が動き出した
ところで昼休憩に
仕事が終わらない
……

Step 3 時間管理

3分あったらできること

時間管理の上手な人は、例外なく短い時間を有効に使っている。彼らは常にA、B、C、Dといった複数の仕事を持ち歩いていて、たとえば、Aという仕事をしている途中で10分時間があいたとすると、10分でできるBという仕事を持ち出してそれを終える。

即断即決の仕事術

こういった短い時間の活用は、時間の無駄を省けるだけでなく、**即断・即決する習慣**を身につけることにも役立つ。

ビジネスでは、即断して失敗することより、決断を先延ばしして失敗することがはるかに多い。迷っている時間はまったく無駄なのである。即断・即決して**少しでも前に進むこと**がビジネス成功の必須条件なのだ。

短い時間を使いこなせば、長い時間は管理できる！

3分とか5分とか、**ごく短い時間で1つの仕事をしようとするなら、迷っている時間はない。**迷っているうちに商談のアポイント時間はやってくるし、電車は目的の駅に到着してしまう。だから即断・即決せざるを得なくなる。こうして決断が速くなると、悩んでいた時間がいかに無駄であったか実感できるようになり、時間の使い方が飛躍的にうまくなる。

持ち歩く仕事は何でもいい。**「考える」ことも仕事**なので、書類やパソコンがなくても仕事はできる。何を考えるのか課題をリストアップしておくといい。

このように常に考えて頭が回転している状態を維持していると、ボーッとしている時間がなくなり、別のことを考えるときにも、すぐに考えられるようになる。自動車なら暖気運転をしている状態、家電だったら、待機電力を使っている状態になっているというわけだ。脳も自動車や家電と一緒で、**いったん思考を停止させてしまうと、動き出すまでに時間がかかる。**

また、長い時間は短い時間の集積なので、短い時間がうまく使えるようになれば、長い時間の使い方も必然的にうまくなる。すると脳が活性化して、いいアイデアが生まれ、正しい判断が可能になる。

リストの例

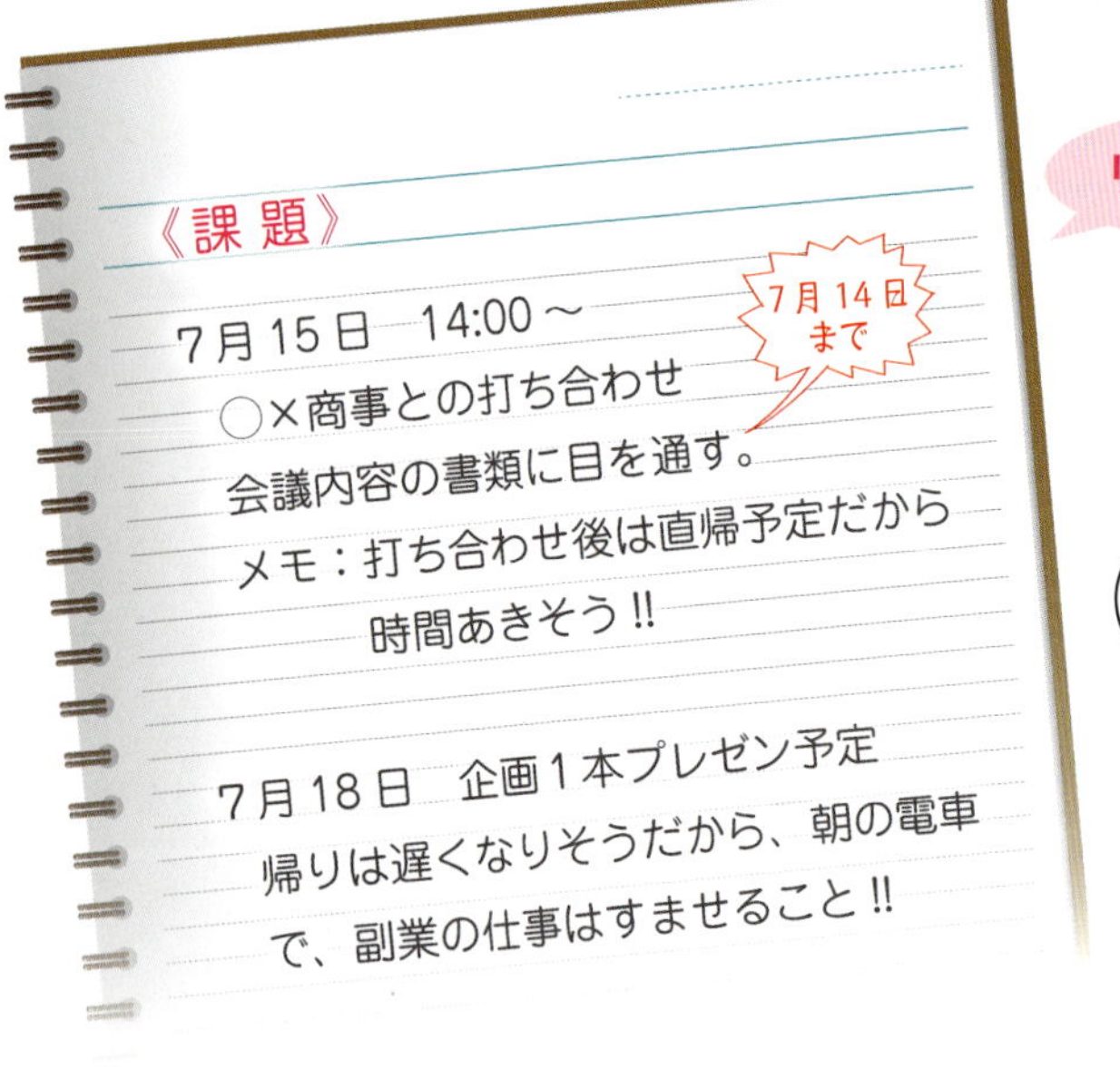
《課題》
7月15日　14:00～
7月14日まで
○×商事との打ち合わせ
会議内容の書類に目を通す。
メモ：打ち合わせ後は直帰予定だから
時間あきそう!!
7月18日　企画1本プレゼン予定
帰りは遅くなりそうだから、朝の電車
で、副業の仕事はすませること!!

……

Step4 時間管理

1日を24時間以上に使う方法

1日は24時間、たしかに物理的な時間は誰でも同じだが、時間の感覚は等しくない。たとえば、同じ企画書を作成する仕事をしていても、ある人は5時間かかり、ある人は2時間でできる。これは時間に対する感覚が人によって違うからなのだ。

時間は自ら創り出すもの

一例を挙げると、仕事の遅い人は「まだ改善の余地があるのではないか」と悩みすぎてしまう。しかし、仕事の早い人は「まずは自分の頭で考え、しっかり仕事を前に進めよう。もし何か間違いや改善点があれば、上司に確認をし、完全な状態に仕上げよう」と考える。

時間を創り出す工夫をすれば、本当に時間がないなどということはないのだ。

時間は本当に足りないのか？

サラリーマンの年間休日は、１２５日。これに20日ほどの有給休暇を加えれば、働いているのは年間２２０日。さらに1日8時間労働として、働いている時間は１７６０時間。1年は８７６０時間だから、**働いている時間はすべての時間の20％にすぎない**。実際計算してみると、自由に使える時間が意外と多いことに気づくのではないだろうか。

もともと「副業が当たり前」の時代となった背景には、不景気によって残業が減り、本業で残業代を稼げなくなったことが深く関係している。残業が多く、残業代が稼げている人は、副業の必要があまりないのかもしれない。だから副業をしたいと思っているあなたは、副業と本業が両立できる環境にあるともいえるのではないだろうか。

1日を24時間以上に使う習慣が身につくと、**何事にも積極的になること**ができる。そうなれば、本業であれ副業であれ、仕事に充実感があふれ、楽しくなってくるはずだ。

自由に使える時間は意外と多い！

時間がないという思い込みを捨てる!!

人生の半分は自由時間！

睡眠	仕事	平日の自由時間	休日の自由時間
2920時間（1日8時間）	1760時間（1日8時間、有給20日、年220日労働）	1760時間 平日×24時間－（仕事＋睡眠時間）	2320時間 休日×（24時間－睡眠時間）
33%	20%	20%	26%

1年　8760時間

Step 1 健康管理
いっぱいいっぱいにならない管理

世の中で一番大切なものは何かという問いかけにあなたは何と答えるだろうか。「愛」「お金」「生きがい」などさまざまだと思うが、優先順位からいえば「健康」になるのではないだろうか。健康でなければ愛も育めないし、お金があっても意味がない。生きがいを見いだすことも健康でなくてはできない。

お金より大切な健康

本業と副業を並行して行う場合は、特に健康であることが成功の条件となる。健康でいるための秘訣は、決して無理をしないことだ。日本人は特に生真面目な人が多いので、オーバーワークになり、すぐに「いっぱいいっぱい」になって体調を崩してしまう。そうならないためには、**心と体の管理が欠かせない。**では具体的にはどうしたらいいのだろうか。

アスリートに学ぶボディケア

アスリートは試合の前には入念にストレッチをし、さらに試合後にもやはり入念なマッサージをして体のケアをする。こうして明日もまた戦える体を維持している。

しかし、ビジネスパーソンは、疲労が蓄積しても「一晩寝れば回復する」「お酒を飲んでリラックスすれば大丈夫」と体のケアを怠ることが多い。また、現代人はデスクワークやパソコンの仕事が多く、人間本来の体を維持できなくなっている。あなたは腰痛や肩こり、目のかすみなどに悩まされてはいないだろうか。もしそうなら、過度な負担がかかっているため体が悲鳴を上げているサインなのだ。

まず、ストレッチをしよう。ストレッチの目的は、関節の可動域を広げることにある。体が柔軟になると腰痛、肩こり、関節の痛みなどが改善される。また硬くなった筋肉がほぐれて血行がよくなる。血行がよくなると酸素や栄養が体中に行きわたるようになり、老廃物の排泄が促進される。不自然な姿勢により変形した体がリセットされるのだ。

知っ得！まめ知識

ストレッチは朝起きたら、**食事の前にすぐにするのが効果的**だ。体を目覚めさせる効果もある。毎朝10分〜30分ほどのストレッチで驚くほど体調が改善される。

自己流でストレッチをするより、一度ジムや専門店などで、専門家の指導を受けたほうが、どの部位をどれくらい伸ばせばいいかがよくわかる。大きな効果が期待できるので、おススメだ。

入浴後、筋肉がほぐれたときにするストレッチも効果的だ。自分の可動域をさらに広げることができるようになる。マッサージも同様で、一度専門家の指導を受けたあとに、セルフマッサージで目の疲れを軽減したり、足つぼを押すことで、内臓の不調を改善することもできる。

副業で健康管理!?

会社の健康診断でメタボ宣告
何かの運動を始めないと
とはいえジム通いはお金かかるし…
フィットネスクラブ
入会金
レッスン料
施設使用料
トレーニングウェア
etc
うーん
じゃあ
1人でジョギングなんて
長続きしないよ
鼻先にんじん
お金になる運動はどうかしら
早朝の時間を使って新聞配達を始めた
コレだよコレ!
一石二鳥の副業だ!
ヤッター
私は週1回のウォーキングを兼ねてポスティングのバイト
体力もアップ!
歩くのってキモチイイね
くれぐれも無理は禁物…
ひ〜

Step2

健康管理

睡眠を管理する

自分を見極めて上質な眠りを確保するべし！

上質な眠りのためのアイテム

オーダーメイド枕	寝具専門店や整形外科で作成の相談ができる。値段はだいたい5000～2万円とちょっと。贅沢だが、自分にピッタリの高さ、硬さ、素材で安眠できる。
飲み物	鎮静効果のあるホットミルク、ハーブティー（カモミールやバレリアン）、しょうが湯などを寝る直前に適量飲む。
ストレッチ	寝る前には血行をよくするために3分ほど簡単なストレッチをするとよい。
精神安定剤・睡眠導入剤	どうしても眠れない人は、病院で精神安定剤や睡眠導入剤を処方してもらおう。薬局で買えるものもある。適切に使用すれば、中毒性もなく副作用も少ない。

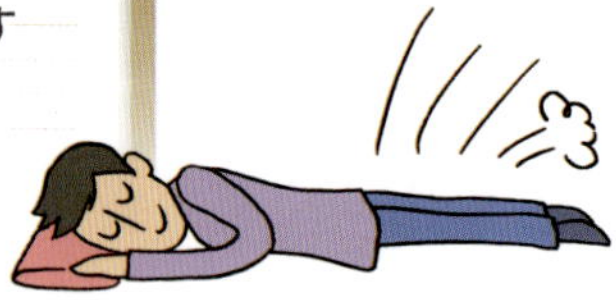

健康でいるためによい睡眠は欠かせない。テレビなどでよく、年代別最適睡眠時間は○時間などといっているが、それはあくまでも平均値であって、個人個人に適合しているわけではない。

何時間寝れば大丈夫？

人の睡眠には、**ノンレム睡眠**（脳が眠っていて体が目覚めている状態）と**レム睡眠**（体が眠っていて脳が目覚めている状態）の2種類があって、ノンレムとレムが**90分周期で交互にやってくる**。そして睡眠時間は90分の倍数が望ましく、レム睡眠で目覚めるといいといわれている。

たしかにそれも間違っていないが、そうしなければよい睡眠が得られないわけではない。人間の体の適応能力は驚くほどで、たとえば、ノンレム睡眠が足りない状態で眠ると、ノンレム睡眠だけを短時間にむさぼるように取るようになる。要するに、**よい眠りには個人差があるので、自分に適した睡眠を見つけて管理することが大切なのだ。**

たとえば「1日1回、夜8時間眠らなければならない」といった常識を一度疑って、自分に最適な睡眠探しをしてみるのもいいのではないだろうか。アロマテラピーなどの匂いを上手に使って、上質な眠りを確保する方法もある。

知っ得！まめ知識

仕事が非常にできる人や起業して大成功した人は、いつ電話してもすぐ出るし、メールの返信も30分以内という人が多い。いつ眠っているかまったくわからないのだが、じつはそういう人は睡眠の取り方が上手なのかもしれない。「マイクロスリープ」という睡眠がある。これは、数秒～30秒程度一瞬眠ってしまう睡眠である。眠りは、ほんのわずかだが脳を中心に疲労回復効果がある。超短時間睡眠として日常生活に取り入れてみてはどうだろうか。

Step 3 健康管理

食事は健康の基本!

疲労回復の食事には、クエン酸、ビタミンB_1、糖分を!

疲労回復のためには、まず**疲労物質である乳酸を取り除くこと**が大切だ。それには**クエン酸**が最適だ。クエン酸は乳酸を分解してくれるのだ。**クエン酸はお酢に多く含まれている**。だから料理やみそ汁にちょっとお酢を加えるだけで効果がある。味も引き締まるので一石二鳥だ。次に**ビタミンB_1を摂取する**ようにしよう。ビタミン類はどれも体にとって必要だが、特にビタミンB_1は疲労回復に効果がある。**豚肉、レバー、うなぎ、豆類、雑穀、はちみつなどに多く含まれている**が、ビタミンB_1は水溶性なので、豚肉を食べるときはしゃぶしゃぶより、油で炒めるのがいい。また頭を使いすぎて疲れたときは、チョコレートなどの甘いものを食べて糖分を補給しよう。糖の中でも、**ブドウ糖**がオススメだ。

Step 4 健康管理

運動は効果重視で!

適度な運動も体調管理には欠かせない。テニスやゴルフなど好きな運動がある人はそれをするのが一番いい。運動が苦にならないし、楽しみの時間はストレス解消などにとても有効だ。

運動は水泳が効果的

もし、どんな運動をしていいか迷っている人がいたとしたら、おススメは「水泳」だ。「**クロールで泳ぐ**」と「ジョギング」の**2倍以上**、「ウォーキング」の**7倍近い**カロリーを消費できる。なぜ、こんなに消費カロリーが高いかというと、全身を使うので運動量が多いだけでなく、温度が低い水の中にいるために体温を上げようとしてカロリーを消費するからだ。また水圧によるマッサージ効果もある。

健康管理とやる気の関係

健康管理がうまくいくようになると「メンタル」面にもよい影響が出てくる。精神と肉体は密接に結びついているので、体調のよさがメンタルのよさにつながることが多いのだ。**アドレナリン**は闘争本能や、やる気を高める神経伝達物質だが、これも「**歯を食いしばる**」という肉体の動作によって出すことができる。格闘家がよく顔を平手で叩いて歯を食いしばる動作をするが、あれはアドレナリンを出しているのだ。ここぞというときに試してみてほしい。

消費カロリー一覧

＊1時間あたり、体重65kgの男性の場合

水泳	平泳ぎ 768	クロール 1459
ジョギング	663	
ジム筋トレ	410	
スキー	491	
テニス	491	
ゴルフ	打ちっぱなし 285	コース 421

（単位：kcal）

管理術③

モチベーション管理編

Step 1 モチベーション管理

あきらめず継続するための管理

副業や起業は、はじめは高いモチベーションを維持していられるが、そのうち先細りになって結局、長続きしない。よくあることだが、これを克服しないことには、成功できない。

あきらめず持続するコツをここでは紹介しよう。

モチベーション維持には大きな目標を立てて

まず、**大きな目標を持つこと**だ。たとえば、「一戸建ての頭金を貯める」「いい車を買う」「世界1周旅行の資金を貯める」など、あなたが切望する壮大な目標を立てるようにしよう。するとモチベーションが下がったとき、その目標があなたを助け、意欲をかき立ててくれる。

すぐできる具体的なコツとしては、**バイトなら時給にはこだわろう。副業なら、よりよい条件にこだわるようにする**。10円でも高いバイト料のほうがモチベーションを維持しやすい。

たとえば、時給８００円のバイトをしていたとする。するとそれを辞めてしまっても同じ時給のバイトはいくらでもあるので、辞めることに抵抗がない。しかし、時給１２００円のバイトをしていると、同じ時給のバイトはあまりないため、当然辞めることにブレーキがかかるというわけだ。

プチ楽も重要なモチベーション

プチ楽もモチベーションを維持する重要な要素になる。「バイトで一緒になる女の子がすごく可愛い」「店長が超イケメンだ」、そうした単純なことが意外とバイトなどを続ける動機となったりする。要するに**本来の仕事とは別の付加価値を持つということ**だ。

ちょっとした楽しみであれば、どんなことでもいいので、積極的に「プチ楽」を探すようにしよう。バイトによっては割引券が支給されたり、雑誌社なら発売前の雑誌が読めたりすることもあるだろう。

バイトを始める前に、こういう役得のようなものがないか事前調査し、検討することも大切だし、モチベーションが下がったときにそういった楽しみを見つけることも、やる気の維持につながる。

自分へのご褒美を！

心理学では「**賞罰実験**」というものがあり、失敗したときに罰を与えるより、**成功したときに賞を与えたほうが、能率がよくなる**ことが証明されている。

だから「このバイトを辞めてしまうと困ったことになる」というより、**「このバイトを続けるとこんないいことがある」と考えたほうがモチベーションを維持できる**。

では、どんな「**自分へのご褒美**」がいいのだろうか。**まず、ご褒美の頻度は多いほうがいい**。1カ月に1回、1万円相当のご褒美よりも、週に1回、2500円相当のご褒美のほうが、ご褒美までの日数が少ないので頑張れる傾向がある。

たとえば、一戸建ての家の頭金500万円を貯めるという大きな目標があって副業などをする場合、切りつめて無理をして5年で貯めようとするよりも、自分へのご褒美を欠かさずに、ときには自分を甘やかして6年で500万円貯めようとするほうが、はるかに達成率が高くなる。

ご褒美例

ご褒美は自分がほしいものなら何でもいいが、イベント性があったり、贅沢であったり、非日常的なことであったりするほうが、ドキドキ感があっていい。

❶ **最高級のブルーマウンテンを飲みながらボワシエのマロングラッセを食べる**

❷ **銀座の一流ホテルのバーでドライマティーニを飲む**

❸ **レンタカーでポルシェを借りてドライブデート**

など非日常を味わうと、本業と副業を頑張る日常生活が一度リセットされて「また頑張ろう」という気持ちになれる。

「もう続けられない」「限界だ」と感じたときは、採算を度外視してでも大きなご褒美を自分に与えてみよう。極端にいえば、いままで稼いだ分をつぎ込んでしまったとしても、それによって副業が継続できれば、長い目で見て、そのほうがずっと利益になる。

Step2 モチベーション管理

自分をアップデートする

物質的なご褒美も大切だが、人は無形のものにも大きなモチベーションを持つことができる。肉体労働の副業をしていたとしよう。すると体重が減らせたり、筋肉がついたりする。そういったことを意識することが重要なのだ。

　せっかく自分の時間を使うのだから、成果がたくさん得られるほうが継続もしやすくなる。そして、日々成長を実感できると、緻密な目標設定が可能になる。大きな夢やゴールがあるのは大前提だが、それらの実現には日々の目標を地道にクリアしていくことが大切だからだ。

毎日、自分が進歩しているという気持ちが大切

　副業を選ぶ際に、本業に関連したものを選ぶことも1つの方法だ。

　たとえば、あなたがメーカーで働いていたとする。仕事はまだ雑用ばかりだ。そして小売店の店員のバイトをしたとする。すると小売店という視点で製品を見ることができる。売りやすい大きさや見ばえ、どんな商品名にしたらお客様が手にしやすいかなど、メーカーにとっては重要だが、手に入りにくい小売店の「本音」の情報が手に入るのだ。

　あなたがそれを企画書にまとめて評価されれ、より大きな仕事を任せられるようになれば、副業が本業に役立ったことになる。つまり、お金を稼ぐという目的だけでなく、「本業に役立てる」という新たなメリットができたことになるのだ。

　このように、**自分をアップデートすること、つまり、今日より明日の自分が進歩していると思えるような副業を選ぶことが、モチベーション維持にはとても大切になる。**

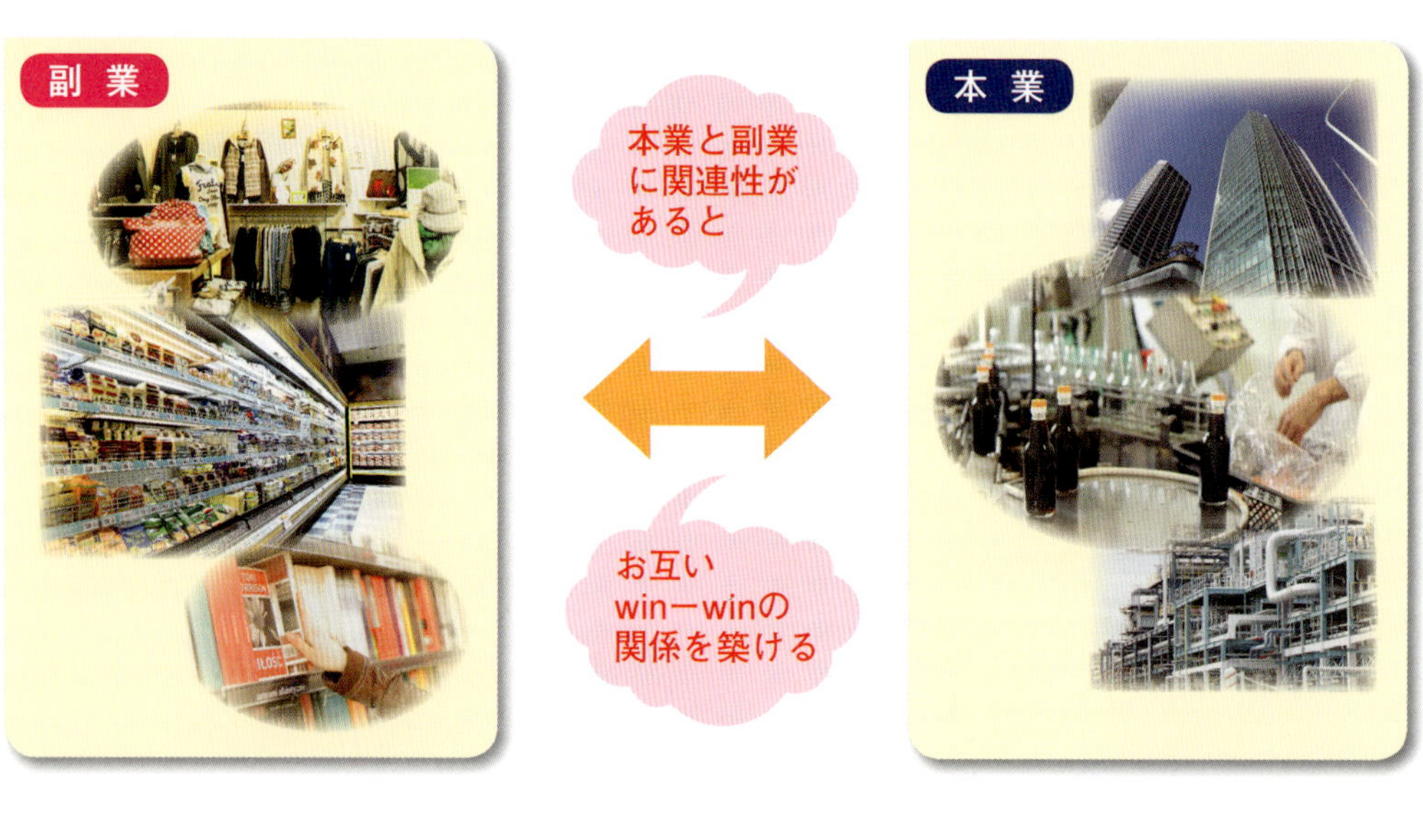

副業
本業と副業に関連性があると
お互いwin－winの関係を築ける
本業

Step3 モチベーション管理

家族の理解や協力を得るための管理

副業やバイトを持続するためには家族の理解や協力が欠かせない。本業＋副業でクタクタになって家に帰るので、メンタルや生活に家族のサポートは必須。では、どうしたらパートナーや子どもたちなどの理解と協力が得られるのだろうか。

週1回は家族へのご褒美も忘れずに

攻略Point
「何のためにしているか」を明確にして、それを家族にもきちんと伝えること。

「マイホーム購入」なら、「私は、吹き抜けがある家がいい」とか「お兄ちゃんとは独立した部屋がほしい」とか「狭くていいから書斎があれば」などと語り合えば、家族全員の夢を共有することができ、家族の目標が確立できる。目標が共通しているから、家族もあなたの副業に協力してくれやすくなる。

攻略Point
収入は明らかにすること。いくら副業収入があったかを、納得できる資料とともに家族に見せる。

こうすることで、あなたの副業が自分のためでなく、家族のためだということを理解してもらえるのだ。

攻略Point
稼いだお金は家族サービスになるべく多く割くこと。

あなたが副業をすることによって、家族もさまざまな不便や不自由を強いられている。そのことを踏まえ、日頃の感謝を伝えて家族にもご褒美をあげよう。

攻略Point
愚痴をいわないこと。

本業＋副業で大変なのはわかるが、あなたが愚痴をこぼせば、家庭は暗くなってしまう。愚痴をいうか希望を語るかはあなたの気持ちひとつで決まる。あなたのポジティブな言動は、家族もポジティブにして、あなたに協力し、サポートしていこうという気持ちを高めていくのだ。

話題の面白副業百科

File 01 儲かり度解析

エキストラ

チョコチョコ型

収入	日給 3000〜4000円前後
時間	朝／昼／夜
メリット	芸能界を体験できる
デメリット	あまりお金にはならない
能力・資格	芸能界や芸能人に興味があること
一言	スターになるチャンスも！

金銭的には期待できないが……

映画に出たと自慢でき、話のタネのためにやる人も多い。芸能界を目指す人が、最初のステップとしてエキストラをすることも多い。

エキストラとは、映画やテレビドラマなどの映像作品で、通行人や群衆、喫茶店の客のような、その他大勢の役で出演する人のことをいう。

タレント好き・芸能界を目指している人必見！

❶ 無償のボランティアエキストラ

テレビ局や映画会社がインターネットなどで公募する。また、地元の宣伝のために自治体や観光協会がフィルム・コミッションという撮影支援機関を作って募集することもある。

❷ 有償エキストラ

多くはエキストラ事務所や芸能事務所に登録し、依頼を待つということになる。

3000円から5000円程度の登録料が必要となる場合がある。だが、登録したからといって仕事があるとは限らない。登録料が高額であったり、タレントへのステップアップを強引に勧めてさらに高額なレッスン料などをとろうとする事務所は避けたほうがいい。

需要は出演する映像によってさまざまなので性別、年齢、容姿など無関係で、誰でも出演の機会がある。**出演料は、数千円であることが多い。東京なら山手線内は、交通費は自腹となることも。**

セリフはなく演技力も要求されないので、難しい仕事ではない。出演時間は2〜3秒であっても待ち時間が長く、2〜3時間、ときには5〜6時間に及ぶこともある。一言でいうと**金銭的メリットはほとんどない。**

チョコチョコ型

番組観覧

おススメのワークスタイル

タレントや役者になる夢がある人は、研究のために自らの目標に合わせ番組を選ぶとよい。楽しみながらお金を稼げるのは事実！

番組観覧のエキストラもある。バラエティ番組のスタジオ収録で観客席に座って、ADの指示に従って拍手をしたり、笑ったりし、番組を盛り上げる仕事だ。「番組観覧」でネット検索すれば、すぐに専門の観客動員会社やエキストラ事務所を見つけることができる。これも登録料が必要である場合が多い。

テレビの現場を見学できる！

出演料は**数百円から数千円**であることが多く、タレントなどの出演者に接触してはならないなどの制約がある。拘束時間は**1時間番組なら3時間程度**と考えておくのがいい。この仕事も**金銭面でのメリットはあまりない**が、テレビに映る可能性があり、タレントを間近で見ることができる。タレントの中には収録終了後に、自ら観客と握手をしたり、会話を交わしたりする人もいるので、楽しみもある。

タレントや役者を目指していたり、そういう職業に興味のある人は、エキストラをやってみて、撮影現場の楽しさや大変さを体験するのもいいだろう。現在、活躍しているタレントや役者の中にはエキストラ経験者もいる。エキストラは役者ではないので、そこから抜擢されることは決して簡単なことではないが、映画『レオン』の端役から大スターとなったサミー・ナセリの例もある。端役ながら監督に直談判したことがきっかけとなった。芸能界は何があるかはわからないので可能性がゼロとはいえない。

File 02 儲かり度解析

収入	1件 **数百～数千**円 程度
時間	朝／昼／夜
メリット	芸能人と会える
デメリット	お金にはならない
能力・資格	明るい人
一言	有力事務所に所属すると仕事が多い

タレント好きにはたまらない！

テレビに映ったり、好きな芸能人と話したり、握手できたりする可能性もある。

File 03 儲かり度解析

収入	ほぼ **0**円
時間	24H
メリット	芸人になれる可能性がある
デメリット	深みにはまると一生を棒に振る
能力・資格	人を笑わせる能力
一言	修業時代はハンパなくつらい

行動あるのみ！

お笑いに自信のある人はまず、無料でできるオーディションを受けてみよう！

チョコチョコ型

アルバイト芸人

お笑い芸人という職業は、いまや花形職業だ。トップクラスともなれば年収10億円は軽く超え、中堅でも1億円以上稼いでいる。社会的地位も確立され、異性にもモテる申し分ない仕事だ。まずは副業としてスタートしてみては、どうだろうか。

ブレイクすれば本業に！

芸人は一攫千金《いっかくせんきん》を絵に描いたような職業で、目指す人も多いが、売れなくてもあきらめられず、人生を台無しにしてしまうこともある。

いま、お笑い芸人になる最もポピュラーな方法は養成所に入ること。吉本興業が運営するNSCなら、養成期間は1年で40万円の授業料が必要となる。

しかし、卒業後に事務所に所属でき、**プロになれるのはほんのひとにぎりほど**で、その中で「売れる」のはごく少数だ。さらに売れるまでに15年、20年という下積み期間が必要になることもある。

そのようなリスクを背負わずに、たとえば、サラリーマンが本業を続けながら、芸人を目指すことはできるのだろうか。答えはYESだ。簡単にいえば、**お笑いのオーディションを受けて合格すればいい**。芸人が所属する事務所では、定期的にオーディションを行っている。週末が多いので本業に影響しないで受けることもできる。それに合格すれば、お金をかけずに事務所に所属でき、仕事も回してもらえるようになる。そうなれば、サラリーマンをしながら、芸人としての活動を副業のようにし、ブレイクしたら芸人を本業にすればいい。実力さえあれば、それも可能だ。

2015年にブレイクした「厚切りジェイソン」は、ザブングルの加藤歩と腕相撲対決をしたことがきっかけで、IT企業の役員として働きながら芸人になり、深夜番組の「速報！ 有吉のお笑い大統領選挙!!」に出演し絶賛された。そしてR－1ぐらんぷりで決勝に進出し、全国に知られるようになったのだ。**芸歴わずか4カ月でのブレイク**だ。

売れるかどうかは、もちろん才能もあるが、運にも大きく左右される。芸人に憧れている人は、まずオーディションにチャレンジしてみよう。

コツコツ型

人力車夫

おススメのワークスタイル

肉体的に重労働なので、**土日など休日だけ**の副業がおススメ。**8時間働けば、1日2万円**前後が見込める。**月16万～20万円**が平均的な収入になる。

人力車夫は、主に観光地で観光客を人力車で案内するのが仕事だ。首都圏では、浅草雷門、鎌倉、横浜中華街などで多く営業している。

成功の秘訣はトーク術や営業力!?

原則として健脚で体力がないと務まらない。人力車の多くは2人乗りなので筋力も必要となる。料金形態はさまざまだが、**30分で2名8000円程度の設定が多い**。バイト料は時**給で1000円から3500円超とかなりの開きがある**ので、何社か比較してから応募してみるといいだろう。

この仕事は、単に観光客を移動させるのではなく、観光ポイントを解説することも重要だ。説明が面白ければ、リピーターもついて時給も上がることになる。また接客業なので常に明るく笑顔で対応し、よい印象を持ってもらうことが大切だ。さらに外国語もある程度できたほうがお客様がつきやすい。観光客は英語圏だけでなく、中国語や韓国語、タイ語などを話す人も多いので、片言でもそれらの言葉は話せたほうがいい。体力や仕事のコツは比較的すぐに身につくから、成功の秘訣はトーク術や営業力にあるといっていい。また、**この仕事は観光客が多い休日に仕事ができるので、副業には適している。**

では、起業して人力車夫を行う場合はどうだろうか。まず、人力車特有の規制などはないので、道路交通法などの法律を通常どおりに守っていれば問題はない。ただ、転倒や事故などが起きた場合の保険には入っておく必要があるだろう。人力車の**購入費用は150万円から200万円ほどになる**。効率のいい2人乗り用がおススメだ。新車が買えない場合は中古なら安くなる。一番いいのは、アルバイトなどで人力車の会社で働き、独立することだ。

File 04　儲かり度解析

収入	時給 1000～3500円程度
時間	朝／昼／夜
メリット	能力給で稼げる。休日でも働ける
デメリット	肉体的には、ハンパなくキツい
能力・資格	接客能力／体力
一言	独立起業も可能

自分を高められる仕事

接客術、観光知識、語学力をＵＰして高収入 or 起業を目指せ！

File 05 儲かり度解析

コツコツ型

スーツアクター

収入	日給 **8000～10000** 円程度
時間	朝／昼／夜
メリット	高額稼げるバイト／ヒーローになれるかも
デメリット	とにかく暑い
能力・資格	暑さに強い／子どもやお客様を喜ばせたいという思いがある
一言	休憩時には十分な給水と休養をとろう！

子ども好きにはもってこい！

遊園地やデパートで子どもたちのヒーローやヒロインになれるかも!?　人気キャラクターも夢じゃない！

スーツアクターは、街頭や店頭でウサギやタヌキなど親しみのある動物などのぬいぐるみを着て販売促進活動をするのが仕事だ。チラシや試供品、風船などを配ったりする。手を振ったり握手をしたり、お客様と一緒に写真を撮ったりして愛嬌をふりまく。

子どもたちの人気者！

注意しなければならないのは子どもたちで、飛びついてきたり、蹴ってきたりする子もいる。「中には人が入ってるんだぞ」などと夢を壊すようなことをいう子どももいる。

しかしもちろん、反撃したりはできないのでじっと我慢するしかない。視界が非常に悪く、転倒にも気をつけなくてはならない。

冬場であっても、体は分厚いぬいぐるみに覆われサウナ風呂に入っているようなものなので、汗だくになる。夏場だと、脱水症状や呼吸困難になる可能性があるので無理をしてはいけない。だいたい20分ほど活動すると休憩になるが、**十分に休み、水分補給をしないと体力がもたない。**

ヒーローショーに出演！

スーツアクターにもいくつかの種類がある。デパートの屋上や遊園地などで、戦隊ものやアニメのヒーローなどのショーに出演する仕事もその1つだ。ヒーロー役だけでなく悪役になる場合もある。シナリオがあって、それに従って演技をする。アルバイトの場合、高度なアクションや演技力は求められないが、視界が悪く関節などの動きが不自由な中での演技なので、体力の消耗も激しく、危険も伴う。

だいたい現場にはプロの人がいて、危険な役は主にスタントマンやアクション俳優の人が演じることが多い。テーマパークでの仕事は、多くの人が憧れるので大変な競争率になる。**報酬は日給換算すると8000円から1万円**と、アルバイトとしては高額なほうだ。真夏にぬいぐるみを着てこの仕事をすると、1日で数キロも体重が減る。ダイエットしたい人には最適なアルバイトでもある。子どもたちに囲まれる人気者になれるので、日常では味わえない体験をすることができる。

チョコチョコ型

覆面調査

覆面調査は、調査員であることを隠して店に行き、商品の購入や、食事をしてその店のサービス状況を依頼主に報告する仕事だ。ミステリーショッパーとも呼ばれている。

身分を隠してお店に潜入！

専門の調査会社があり、料金は設問数などによって大きく変わるが、1件について**8000円以上が相場**となる。そして自分の収入としては、1件2000～3000円が相場。扱う業種は、次のように多岐にわたる。

❶飲食店 ❷小売業 ❸教育 ❹不動産 ❺金融 ❻医療 ❼マッサージ ❽美容 ❾冠婚葬祭

サービス改善に役立つだけでなく、働いている従業員にとっては、いつ覆面調査があるかわからないので、ある意味緊張感が持続し、常に最高のサービスを提供する心構えができる点も店にとっては大きなメリットだ。

副業（アルバイト）でこの仕事をする場合、まず、専門調査会社にネットで必要項目を記入して登録するが、**条件はないことが多いので誰でもこの仕事をすることができる。**登録すると覆面調査する店などのリストと条件を見ることができるので、その中からやりたいものに応募する。応募者が多数の場合は抽選となる。

調査する店が決まると、調査会社から指定日時や調査項目、謝礼など詳細なメールが送られてくる。そして一般客を装って店に行き、サービスを受ける。その結果を規定の30～100程度のアンケート項目に記入し、調査会社にメールなどで送信して仕事は完了する。この際に**レシートは撮影して添付して送らなくてはならない**。そのことを怠ると、報酬はもらえなくなることがある。

この仕事の魅力は、普段は行けない高級店に行っておいしい食事をしたり、サービスを受けられたりする点にある。さらに身分を隠して調査するというスリルも味わうことができるのだ。

おススメのワークスタイル

時間の融通が効きやすいので、チョコッと稼ぎたい人に最適。

File 06 **儲かり度解析**

収入	1件2000～3000円
時間	朝／昼／夜
メリット	経験・年齢・資格は不問が多い
デメリット	お金はあまり稼げない
能力・資格	欠点に気づきやすい
一言	主婦に人気

役得とスリルを味わえる！

調査員という身分を隠すスリルを味わえて、高級店の料理やサービスが楽しめる。

「超いまどき」の副業・起業ナビ

File 01　儲かり度解析

Webライター

チョコチョコ型

収入	時給平均 **1600円〜**
時間	24H
メリット	在宅で高収入
デメリット	はじめは低収入なので我慢が必要
能力・資格	専門分野がある。好奇心旺盛
一言	人にわかりやすく伝える能力が大切

やりがいのある仕事

ステップアップしていけば、Webライターから作家への道も。印税生活も夢じゃない!?

おススメのワークスタイル

在宅ワークなので好きな時間にできる。書くことが苦にならない人は、**1日4時間、月120時間程度**を書く時間に当てるといい。一人前になると、それで**20万円程度**になる。

Ｗｅｂライターは、インターネット専門で文章を書く仕事だ。主に企業が発信しているホームページなどの中身を書くことになる。

企業が運営しているサイトは、多くの人が見てくれれば、それだけ商品を売ることができたり、優秀な人材を獲得できたりする。そのために魅力あるコンテンツが必要となるのだ。企業が出しているウェブマガジンやメールマガジンの記事を書くこともある。

依頼者の意図を汲み取り、わかりやすい文章に

内容はその企業に即したもの、あるいは、関係ない場合もある。しかし、ダイエットやエステ、株式投資や節約術など、多くの人が興味を持つ内容であることが多い。この仕事をするには、まず「Ｗｅｂライター募集」などで検索し、企業とライターを仲介する業者を見つけてそこに登録する。仕事の依頼があれば、条件に沿って書き、送ればいい。

報酬はほとんどが成果報酬なので、採用されなければタダ働きとなる。未経験者の場合、最初の報酬は驚くほど安いことは覚悟すべきだ。報酬は文字数で換算されるが、1文字0.2円ぐらいからのスタートになる。つまり、**400字詰め原稿用紙を埋めて80円だ。**初心者の場合、書く内容のストックもない

ので、与えられたテーマに沿って情報を調べて書くことになる。記事の分量は1000字ぐらいであることが多いが、最初は書くのに2時間以上かかるだろう。すると報酬が1文字0.2円なら時給はわずか100円ということになる。

　しかし、慣れると書くスピードは速くなるし、高い評価が得られれば、単価も上がってくる。**Webライターで稼いでいる人は平均で1000字書くのに30分程度、単価は1文字0.8円程度だ。すると時給は1600円**になり、在宅ワークとしては高収入になる。

　Webライターとして成功するコツは、依頼者の意図をきちんと把握し、その意向を反映させること、そしてどんな不得意分野でも積極的に書く姿勢で引き受けることだ。

　文章に不安がある人もいるだろうが、小説家ではないので美文を書く力はそれほど必要でない。わかりやすい文章で読者の興味を喚起できればいいのだ。

さらにステップアップして稼ぐ

　文章を書く仕事を続けていると、さらにステップアップしてもっと稼げるようになる。いま、特に需要があるのは、**携帯やスマホのゲームライター**で、恋愛シミュレーションゲームが多い。「シナリオライター求人」や「恋愛シミュレーションゲーム ライター募集」などと検索するか、直接、ゲーム会社に問い合わせてみる方法もある。

　ゲームライターは、登場人物の性格や状況を設定し、ストーリーを考えて書く仕事だ。**報酬は1文字1円以上にもなる**が、採用されるハードルも高い。しかし、自分の書いたゲームが実際に発売されたときの喜びはほかに比べようがなく、やりがいのある仕事だ。

　そのほかにも携帯小説や書籍のライター、テレビや映画のシナリオライター、放送作家など、「書く仕事」は山ほどある。

　そういった仕事をするためには、出版社やテレビ局などの企画募集に応募する方法や、一般公募の賞に応募する方法などがあるが、採用や受賞の確率は非常に低い。

　そのほか、シナリオライターや作家を養成する専門学校に通ったり、通信教育を受けたりして一定レベルに達したのちに、その学校から仕事を紹介してもらう道もある。この場合ほとんどが、100人程度の応募者の中から採用者1人が決定されるコンペになる。多少時間と費用はかかるが、通常より競争率が低いので、本腰を入れてライターを目指すには、よい選択肢の1つであることも知っておこう。

知っ得！まめ知識

読者に好まれるのは、読みやすい文章だ。1文が長すぎたり、「だが」「しかし」などの逆接が多すぎたりすると、結論がわかりにくくなってしまう。この2点に気をつけるだけで、最後まで飽きずに読める「いい文章」が書ける。また、**文章を書き慣れていない人に多いのが、途中で話がずれてしまったり、前半と後半の内容が矛盾したりすること**だ。できあがった文章はすぐに提出するのではなく、次の日の朝、頭がリセットされた状態で読み返して、おかしなところがないか確認するようにするといい。ちょっとした心がけがあるだけで、文章の評価もグンとよくなる。

個人輸入

チョコチョコ型
ガッポリ型

File 02 儲かり度解析

収入	ケースによって大きく異なる
時間	24H
メリット	ヒット商品を出せば大金が手に入る
デメリット	売れないと赤字になることもある
能力・資格	スマホ、パソコンの操作技術／人気商品に敏感
一言	掲載する写真が売れ行きを左右する

流行と市場に敏感になれ！

ネットで仕入れてネットで売る。何が売れるか先見の明がある人には最適！

個人輸入で稼ぐ方法もある。「個人輸入」とあるが、実際は「小口輸入」のことをいう。小口輸入とは、はじめから第三者に売る目的で海外から商品を輸入することだ。

現地に行くより、ネットで仕入れ

海外で売られている価格と日本で売られている価格には開きがあることが多い。だから海外では安く、日本では高く売られている商品を輸入して転売すれば、**その差額だけ儲かる**ことになる。

では実際にはどうしたらいいのだろうか。現地まで足を運び、品定めをして買いつけし、リアル店舗で売るというのも方法の1つではある。しかし、売れるかどうかもわからない商品を大量に仕入れてお店の家賃を払って売るわけだから、サラリーマンの副業や起業としてはリスクが高すぎる。

最小限の費用で最大の利益を得るためには、**すべてをネットでするのがいい**。まず、商品の仕入れはネット通販やネットオークションなどで仕入れる。大手で信用できるサイトを厳選する必要があるが、代表的なのがｅＢａｙやＡｍａｚｏｎ．ｃｏｍで、世界中のさまざまな商品を買うことができる。

売るのは、ヤフオク！や楽天オークションのようなネットオークションがいい。自分でネットショップを開設する方法もあるが、ほとんどが集客できずに失敗する。稼ぐには、集客力がはじめからあるシステムを利用したほうがいい。

この仕事で儲けるためには、まず、**売るものを限定すること**だ。ブランド品や宝飾品、おしゃれな雑貨など、自分の得意分野にターゲットを絞った商売をすべきだ。そして、いま売れているモノを売買することも大切だが、これから売れそうなモノを扱ってヒット商品になれば、大金を手にすることができる。

売れ筋商品は!?

では、具体的には何を輸入したらいいのだろうか。売れ筋商品を見ていこう。

輸入雑貨

❶ 日本では売っていない商品
❷ 高額な商品
❸ 日本では高額だが、まとめて輸入すると安くなる商品

若い女の子が「かわいい」と感じる商品

❶ 若い女の子をモニターとして確保

最初は知り合いなどに無償でお願いしたり、売れた場合にキックバックを約束するなどの方法がある。ビジネスが軌道に乗れば、有償でモニターを雇うほうが効率的だ。

何かストーリーがある商品

❶ プラスアルファの特典

たとえば、以前爆発的にヒットしたボリビアやペルーの「エケコ人形」は、願いを叶えるといわれて人気となったが、「雄鶏のミニチュアをエケコ人形に持たせると素敵な男性と出会える」といったストーリーがついていた。こういった付加価値がある商品が若い女性に受ける。

レコードがブーム

❶ コレクターを狙え

日本では手に入りにくい海外アーチストのレコードは、以前から高値で取引されている。最近では「和モノ」（日本のレコード）が注目を集めている。市販のディスクガイドやレコードショップのＷａｎｔリスト、コレクターサイトで人気商品をチェックし、専門店の放出セールやレコード市などに足を運ぼう。

在庫をどうするかが勝負の分かれ道！

個人輸入の場合、在庫をどうするかは大きな問題だ。発注してから商品到着まで2週間以上かかることが多いので、ある程度在庫を抱えていないと売れる時期を逸することになる。やはり**売れると思ったら勝負して在庫を抱える覚悟が必要になる。**売れ残って在庫を抱えてしまったら、赤字になっても必ず売りつくす努力をしよう。フリーマーケットなどに出品すると、ネットと違って売れなかった商品が売れることがある。

売れるかどうかわからない商品は最小ロットで購入する。もちろん、輸入先の了解が得られれば、商品の写真だけを提供してもらい、それをアップして反応を見ることもできる。最近は無断でカタログの写真をアップする人もいるようだが、道義的によくないし、法律に触れる可能性もあるので絶対にやめよう。

また海外に友だちがいれば、いま何が売れているかを知ることもできる。特に、**アメリカで売れた商品は数カ月から半年のタイムラグで日本でも売れる傾向がある。**だから、ネット上だけでも**外国に友だちを持つことは個人輸入をするうえで大きな武器になる。**それができるようになれば、英語にも磨きがかかって自分のスキルアップにもなる。

チョコチョコ型

ガッポリ型

ネットオークション

File 03 儲かり度解析

収入	**ケースによって大きく異なる**
時間	24H
メリット	成功すればボロ儲け
デメリット	売れないと赤字になるリスクも
能力・資格	スマホ、パソコンの操作技術 人気商品に敏感であること
一言	自分の得意分野で勝負するのがベスト

駆け引きが重要

楽で簡単。成功すればボロ儲けできる。
1回の取引で数十万円稼ぐこともできる！

ネットオークションも、うまくいけばボロ儲けできるシステムだ。未経験の人は、まず、自宅にある不用品を出品してみるといい。古銭や古いおもちゃなど意外と高く売れるものが潜んでいるかもしれない。出品して制限時間までに一番高い金額で入札した人が落札することができる。

成功するためには専門分野を作れ！

おススメなのが、**「マンガ同人誌」の転売**だ。マンガ同人誌即売会などで、いま人気のある漫画家が描いていた同人誌を見つけて安く買い、それをネットオークションで転売すれば、いわゆるオタク層に高く売ることができる。年に2回、東京ビッグサイトで大規模な同人誌即売会が開催される。そこで大量に仕入れて**1回で20万円稼ぐ人**もいる。

ネットオークションで成功するコツは、自分の専門分野を作ることだ。古いおもちゃ集めが趣味なら、ブリキのおもちゃを専門にしたり、切手が趣味なら希少切手を専門にする。とにかくこの分野なら誰にも負けないといえるようにすれば、知識に裏づけられた信頼で儲かる。

また商品は実用的なものより、趣味的なもののほうが仕入れ値と売り値にギャップが生じて儲けることができる。**実用品には適正価格があるが、趣味なら人はいくらでもお金を払うからだ。**

攻略Point 《ヤフオク！と楽天オークションの比較》

＊2015年6月末現在

	出品（売る）	落札（買う）
ヤフオク！	月額費用プレミアム会員費410円（税込）（出品時0円） プレミアム会員数約1000万人	落札後…… ●商品代金 ●送料負担が出品者 ＊原則、落札価格の5.40%（税込） ●送料負担が落札者 ＊1000円以上のオークション 原則、落札価格の5.40%（税込） ＊999円以上のオークション 原則、54円（税込）
楽天オークション	登録料／月額利用料／出品料金 0円 楽天ポイントが貯まる！	落札後…… ●商品代金 ●送料 ＊取引方法により異なる。 ●決済手数料 ＊支払方法と取引代金（商品代金＋送料）により異なる。

※ 詳細は各ホームページをご確認下さい。

売れ筋商品

1. ファミコンソフト、ビックリマンチョコのビックリマンシール、ガンダムのプラモデルなど**昔懐かしいもの**。
2. **子ども用品**は常に人気がある。特に「かわいい」商品は、高値で売れる（魔法のステッキや変身コンパクト、人形など）。入札数をチェックして、数が多いものを仕入れる。
3. **本は定価と実勢価格の差を見る。**希少本や絶版本、初回限定本などは定価より高値で取引されている。ネットで定価より高く売られている本をピックアップして売るとよい。
4. 流行をキャッチする。**アメリカで売れているもの**も日本の売れ筋商品の参考になる。アメリカのヒット商品は、日本で紹介される確率が高く、テレビ番組で紹介された商品はその直後に買いたい人が殺到する。

商品モニター

チョコチョコ型

File 04 儲かり度解析

収入	1件3000～5000円程度
時間	24H
メリット	新製品を試せて、お金になる
デメリット	応募多数なので採用されにくい
能力・資格	客観的に商品を見られる視点
一言	「放送」「行政」のモニターもある

クレーマーになるべし！

商品にツッコミを入れてお金をもらう仕事。評価されれば、社外ブレーンとしての採用もある。

商品モニターは、発売前の新商品や既存の商品を使ってみて、その感想や意見を伝える仕事だ。バイト料は、1件あたり3000円から5000円が相場だが、使った商品が報酬になることもある。

率直な意見がお金になる！

モニター調査を専門としているサイトは多く、検索して見つけたら複数登録しておくといい。モニターは主婦の応募が圧倒的に多いので、男性だと採用されやすい傾向にある。

大切なことは、**率直な意見をいうことだ。企業がなぜ「商品モニター」をするかといえば「悪口を聞きたいから」**なのだ。

謝礼以外のお得感！

1. まだ誰も使ったことのない商品を試せる
2. ダイエット機器など、実際の効果を体感できる
3. 自分の意見を好きなだけいえる

ただ欠点を指摘するだけでなく、**消費者の立場から、どう改善したら売れるようになるかをつけ加えるのも大切だ。**それが採用された場合、**さらに謝礼が出ることもある。**商品モニターの座談会などで卓越した意見をいって注目されれば、**外部ブレーンとして多額の報酬を得られるようになる可能性もある。**物事を批評的に見ることができ、どう改善するのがいいかまで提案できる人はこの仕事に向いている。よく「クレーマーが企業を進歩させる」といわれるが、まさにそのとおりだ。

そのほかにも、テレビ局やラジオ局から依頼されて番組を視聴し、月に一度ほどレポートにまとめて提出する「放送モニター」や、国や地方自治体の募集を受け、環境や福祉などについて座談会やアンケートで意見をいう「行政モニター」などがある。これは**年単位で行われることもあり、報酬も1万円ほどになる。**市の広報紙などに募集要項があることが多い。

またアンケートに答えて報酬を得るアンケートモニターなどもある。自分の意見をいってスッキリし、さらに社会にも役立つ仕事なのだ。

チョコチョコ型

ラインスタンプ

ラインは、スマホやタブレット、パソコンなどで使える通話料不要、複数で通話やチャットができるアプリケーションのことで、運営は「LINE株式会社」。ラインスタンプは、チャットで会話する際に、テキスト部分に挿入することができるイラストのこと。文字だけでは伝えにくい喜怒哀楽などの感情や、お礼、お詫び、応援する気持ちなどをキャラクターの表情や動作で表現する。

人気スタンプをめざせ！

このラインスタンプには有料のものと無料のものがあるが、利用者に人気なのは、希少価値があり、人があまり使っていない有料スタンプだ。スタンプの**価格は一式240円程度**がメイン。2015年4月には「しゃべるゾ！ クレヨンしんちゃんスタンプ」が発売されて話題となった。

2014年4月から、ユーザーが制作したスタンプを販売できるプラットフォーム「LINE Creators Market」が開設され、全世界で登録受付が開始された。**販売価格は120円で、売上の35％が制作者の収入**となる。

「LINE Creators Market」に登録し、審査に通れば販売することができる。絵心に自信のない人は、絵の上手な人や制作会社に依頼しプロデュースして儲けることもできるが、絵やイラストの巧拙が売れ行きに反映されるとは限らないので、どんなに絵がヘタな人でも、大儲けできるチャンスがある。

ちなみに、2014年11月の発表によれば、**発売から半年のベスト10位までの売上平均は、3680万円だったという。制作者は、現在の基準で1288万円を半年で稼ぎ出したことになる。**ラインの登録者数は2014年10月の発表で5・6億人を突破している。つまりマーケットは世界中の約6億人ということだ。スタンプ長者も夢ではない。

File 05 儲かり度解析

収入	1年で**0～1億円以上も!?**
時間	24H
メリット	ちょっとしたアイデアで巨額な収入可
デメリット	まったく売れないことも多い
能力・資格	売れ筋ラインスタンプに精通
一言	ものを創り出すのが好きな人に最適

自分のセンスを生かす

面白イラストや面白コメント、ちょっとした思いつきで数千万円稼げるかも！

攻略Point 売れ筋商品

❶ **動物系／ゆるキャラ**
➡思わず使いたくなるかわいいスタンプ

❷ **関西弁などのユーモアある言葉**
➡なんでやねん！　どうしたん？　など、相手にツッコミを入れたり、状況を質問したりするスタンプは、文字を打つより早く相手に伝わるため、使い勝手がよく人気に！

❸ **シュールなイラスト**
➡ふっと笑ってしまうようなイラスト、ツッコミを入れたくなるイラストで相手とコミュニケーションを取るために使用することも……

などなど。ラインを頻繁に使用する若者目線で考えると、人気スタンプになるかも!?

モーニングコール

チョコチョコ型

File 06 儲かり度解析

収入	1件 **50～100円** 程度（時給換算　1000円程度）
時間	主に早朝
メリット	朝のあいた時間が有効利用できる
デメリット	大きくは稼げない
能力・資格	時間に厳格。早起きが得意
一言	髪型・服装に制限がなく、誰でもできる

朝から一仕事！

1日の始まりを爽やかな声で目覚めさせる仕事。朝のプチ小遣い稼ぎに最適。体力も不要。

おススメのワークスタイル

早朝5時から8時の1日3時間、平日5日で3万円から6万円前後になる。

早朝の時間を利用してプチ小遣い稼ぎができるのが、モーニングコールのアルバイトだ。朝起きられない独身や単身赴任のサラリーマン、OLや学生などの依頼者を電話で起こすのが仕事。

プチ小遣い稼ぎに最適

モーニングコールの利用者には2種類あると考えられる。まず、**純粋に起きるためだけに使っている場合で**、これは目覚まし時計などでは二度寝の危険性があるため、完全に起きたことを確認してもらうためにモーニングコールを利用している。こういう利用者に対しては、明るく爽やかで、はっきりとした声であればよい。相手が完全に目覚めたことを確認する業務もあるが、基本的には事務的でいい。そのかわり**単価も1件50円程度**だ。

一方、起こしてもらうことに**プラス・アルファを求める利用者もいる。**多くの場合、異性に起こしてもらい、いい気分で元気に仕事に行けるようサポートしてもらうことも目的としているため、**報酬単価も100円以上と倍以上**になる。こういった場合、モーニングコールの会社が利用者の要望を聞いているので、それに沿った声や話し方で対応するようにする。なかにはアニメ風の少女の声を希望されることもあるし、低い男性の声で起こしてほしいという要望もある。「起きた？ 寝ぼけちゃダメだよ」のように恋人気分の砕けた口調を求める利用者もいる。大切なことは日々のモーニングコールでお客様が喜ぶ声、口調などを把握することだ。また利用者にとってあなたはその日で最初に接する人になることも忘れないようにしよう。人気になって指名を獲得するためには、「今日は昼から雨だよ。傘忘れないでね」といったお役立ち情報も欠かせない。

先輩の声

電話をする相手は若そうな女性から年配の男性まで、まさに老若男女です。コールするだけで終わりではなく、たいてい一言二言の会話もします。多くの人が「ありがとう」といってくれて、とても気分のいい仕事です。１カ月とか、長期の依頼の人とは少し長く話し込むくらい親しくなったりしました。登録している会社の人の話では、モーニングコールで仲よくなって、実際に会うことになったり、恋愛に発展したりする人もいるらしいです。

石川県　長谷川さん

趣味と特技で「楽しく稼ぐ」が勝ち

File 01 儲かり度解析

チョコチョコ型

ゲームテスター

収入	時給1000〜1300円程度
時間	24H
メリット	発売前のゲームができる
デメリット	同じ場面を延々テストして、苦痛かも！
能力・資格	ゲーム好き
一言	守秘義務が厳しいので注意！

やりがいのある仕事

発売前のゲームが楽しめてお金がもらえるバイト。ゲーム開発の仕事にステップアップして大金を手にする可能性もある！　人づきあいが苦手な人にもおススメ！

ゲームテスターは、発売前のゲームをテストして不具合がないかなどを調べる仕事だ。ゲームが好きな人にとって、誰もやったことのない最新のゲームが楽しめてお金がもらえるという垂《すい》涎《ぜん》の仕事といえるかもしれない。わずらわしい人間関係はほとんどないので、人づきあいが苦手な人に向いている。

ゲーム好きにはたまらない！

この仕事は、ゲームソフト開発会社に出社して時給で働く場合が多く、**時給は1000円から1300円前後であることが多い**。24時間体制の会社もあるので本業に影響なくできる場合や、在宅でできる場合もある。**期間が限られたアルバイトになり、短いもので2〜3週間、長いもので2〜3カ月になる。**

テストするゲームは、ゲームセンターなどにあるいわゆるアーケードゲームや家庭用ゲーム、また、国内外のスマホや携帯コンテンツゲームと多岐にわたる。

ステップアップで大金を手にする

ゲームテスターとして出発し、ゲームの裏側を熟知すると、ゲーム開発やゲームシナリオに携わる仕事にも関心が出てくるかもしれない。ゲームクリエイターと一口にいっても多くの仕事がある。職種は多岐にわたるので自分の得意分野で勝負することができる。

テスターとしてゲームソフト開発会社とつながりができれば、ゲームクリエイターになる道が開けてくることもある。クリエイター

になると、ヒットを出せるかどうかによるが、売上10万本を超すようなメガヒットを飛ばせば、年収1000万円は軽く超える。

独立起業で猛烈に稼げる

ゲームで巨万の富を手にすることは、社員でいては不可能だ。方法は2つある。1つはゲームプランナーとして独立し、作者としてゲームソフト開発に参加することだ。そして**印税契約を結ぶことが重要**だ。たとえ印税数%であっても、ゲームがヒットすれば大金が手に入る。社員だと、いくらゲームが売れても多少ボーナスがよくなる程度で、印税などは1円も入らない。

もう1つは、**起業すること**だ。経営者になれば、リスクも高いが成功したとき利益を独占できる。はじめから家庭用ゲームソフトを開発するには資金が必要だ。しかし、携帯やスマホのゲームなら開発費を100万円以内に抑えることも可能なので、スマホのゲーム開発で資金を調達し、家庭用ゲームソフトにチャレンジする方法もある。

ゲームは遊びではできない ゲームテスター注意点

❶ ゲームの種類は選べない

たとえば、家庭用の「RPG」ゲームがやりたくて応募したのに、アーケードの「格闘ゲーム」をすることもある。

❷ テストの手順は厳密に決められていて、1つのゲームを自分が自由にできるわけではない

ある一定の場面を繰り返し繰り返しテストする場合もある。期間を短縮するため複数の人間がテスターになり、少しずつ分担しているのだ。たとえばAという場面でプレイヤーに2つの選択肢があり、次のBの場面でも3つの選択肢がある。さらにCの場面では4つの選択肢があるとしよう。すると2×3×4＝24通りのパターンすべてをプレイし続けることになる。このような場合、とてもゲームを楽しむ状態ではなくなるだろう。

❸ 忍耐力が必要な仕事

また、もし不具合が見つかれば、それを報告するだけでなく、数千の数字が羅列されたプログラムの中から、「248番目が1であるか」などを確認するようにいわれることもある。そして修正が終われば、また同じようにゲームをプレイして本当に直っているか確認しなくてはならない。

❹ 睡眠不足でゲームをやり続ける

じつはこの仕事、9月から11月に集中する。それはクリスマスプレゼントやお年玉をターゲットに、発売を年末に設定することが多いからだ。ソフト開発は予定より遅れることが多く、そのしわ寄せがテスターにくることもある。締め切り間際には不眠不休でゲームをやり続けなければならない可能性もある。

❺ まだ一般の人が誰もやっていないゲームをできる喜びを、他人に伝えることはできない

ゲームテスターには厳密な守秘義務が課せられている。守秘義務に関する契約書を交わすのが一般的で、違反すると多額の損害賠償を請求されることもある。ゲームマニアとしては、自慢できないのは苦痛かもしれない。

おススメのワークスタイル

不定期のバイトで、いつも仕事があるわけではないので、あるときは目いっぱい働くのが吉。そうすると**月20万円以上**になる。

チョコチョコ型

パズル作家

File 02 儲かり度解析

収入	1本**2000～1万円**程度
時間	24H（時間は比較的自由）
メリット	まさに趣味と実益を兼ねた仕事
デメリット	採用されるハードルが高い
能力・資格	パズルが好きで熟知していること
一言	月収150万円以上の人もいる

行動あるのみ！

パズル作家は、未開拓の職業。いまならパイオニアになれる！

パズル作家は、雑誌のパズルコーナーやパズル専門誌に問題を作成して提供する職業だ。パズルには、「クロスワード」「漢字パズル」「間違い探し」などさまざまな種類がある。ただし「数独」（ナンプレ）はコンピューターのプログラムでも作れるので需要はあまりない。

ブレイクすれば本業に！

報酬は**作品1本について2000円から1万円ほどになる。**紙と鉛筆1本あれば、いつでもどこでも作ることができるため、副業に最適だ。**慣れてくると1時間で1作品作れるようになるので時給1万円も可能**になり、なかには月収150万円以上稼ぐ人もいる。

《パズル作家のしくみ》

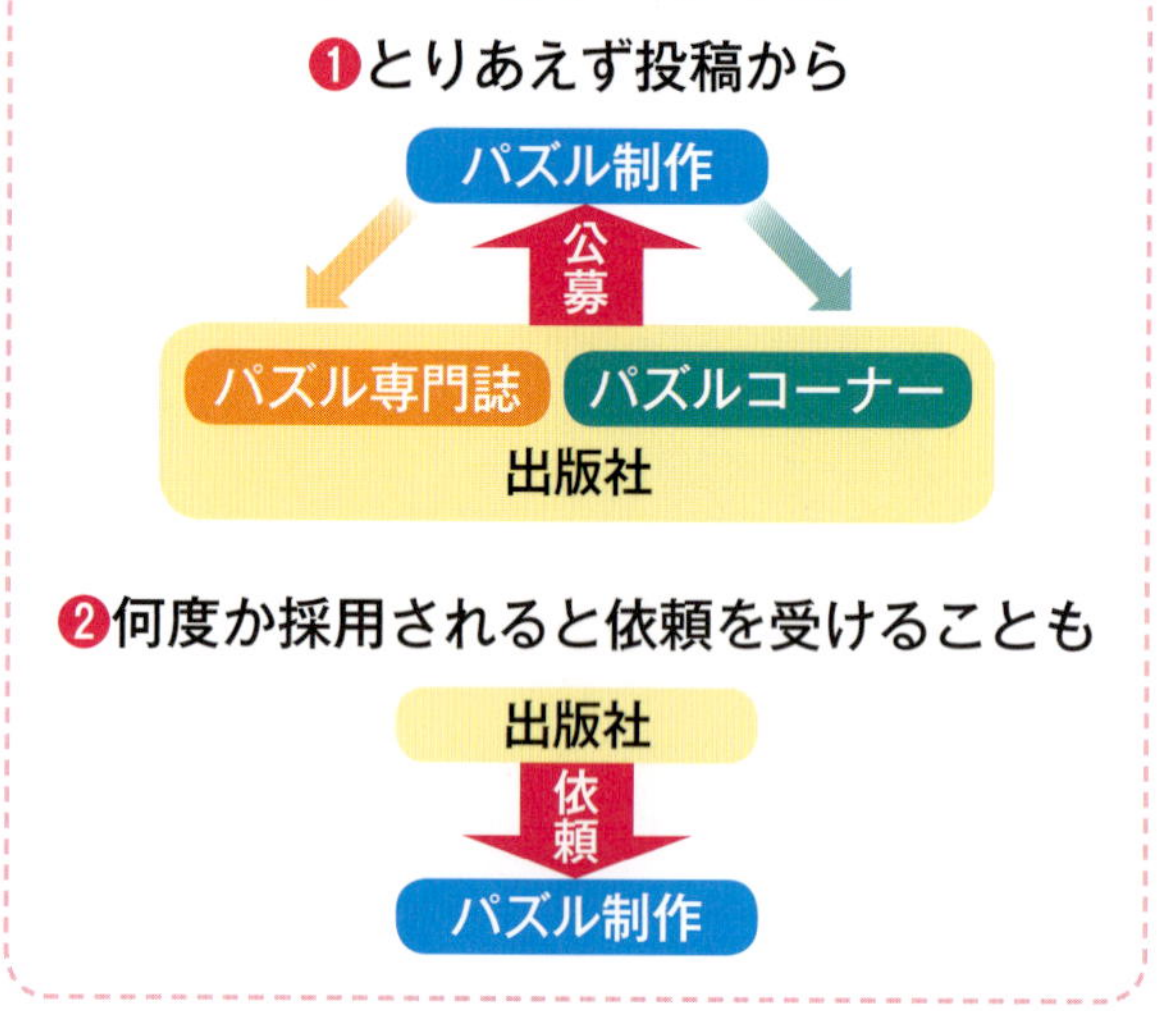

攻略Point 採用されるコツ

❶ その雑誌の傾向、パズルをよく研究する

❷ 時事ネタ（事件・話題の人物など）を取り入れる

❸ 何度投稿してもボツ、3カ月以上反応のないときは、その雑誌などの傾向に合っていないと早めにあきらめ、次の雑誌などにトライ!!

❹ 投稿以外にも、パズル作成者や、その雑誌のアルバイト募集もある。出版社のホームページをこまめにチェックしよう

おススメのワークスタイル

1日1本を目標に作ってみよう。アイデアさえ思いつけば、**1日1時間ほどの労働時間で月30万円以上稼ぐことができる。**

コツコツ型

ペットシッター

ペットシッターは、飼い主の留守中などに、ペットの世話をする仕事だ。ペットは犬や猫が中心となるが、ウサギやフェレットなどの場合もある。

動物好きにはもってこい

ペットの世話は飼い主の自宅ですることが多いが、預かって世話をすることもある。**報酬の目安は犬1頭、1回の訪問で3000円から5000円ぐらいになる。**

ペットシッターの仕事をアルバイトでするにはまず、全国で600社ほどあるペットシッター会社に登録する必要がある。

ペットの世話だけでなく、報告書を書いたり、シッター中の動画などを飼い主に送信したりする業務があることがある。

この仕事は、依頼者家族が旅行するゴールデンウィークや夏季休暇の時期が繁忙期となる。つまり、人が遊んでいる間に集中して稼ぐ仕事だ。

自分で開業する場合は、「愛玩動物飼養管理士」などの資格が必要になることがある。

開業して成功する方法

まず、**あまり飼われていないペットの飼い主をターゲットにすることだ。**世の中には珍獣を飼うことに喜びを感じる人もいる。そういった動物の知識と扱う技術を身につければ、競合相手が少ないので、大きな利益をあげることが可能になる。

また**ターゲットを富裕層に絞ることも重要だ。**世の中には、ペットを飼いたいが世話や留守中のことが心配で、飼えないセレブも多くいる。そういった人をターゲットにしたり、ペット好き専用のSNSに加入して、セレブの飼い主を探したりするのも成功への方法の1つだ。ペット好きはペットのことには「金に糸目をつけない」。高額な契約を結べるチャンスは多くあるのだ。

File 03 儲かり度解析

収入	1件 **3000～5000円**程度（時給換算 1000円程度）
時間	朝／昼／夜
メリット	ペット好きには最高の仕事
デメリット	ペットを逃がしてしまったり、死なせてしまったりするリスクもある
能力・資格	動物好き
一言	愛玩動物飼養管理士などの資格があれば、ペットシッターの会社に採用の可能性が上がる

ターゲットはセレブ

好きなペットと遊んでお金がもらえる。独立するなら、ペットにかかる金には糸目をつけないセレブを狙え！

おススメのワークスタイル

主に土日などの休日を利用して**週2日、1日4時間～6時間**働こう。すると月収は**3万～4万円程度**になる。

コツコツ型

ゴルフ場キャディ

ゴルフ好きの人にはたまらないのがキャディの仕事だ。日給は８０００円から１万６０００円程度が多く、実働時間は６時間ほどになるから、時給換算すると割のいい副業だ。

教えながら、自分も上達！

ゴルフ上達のお役立ちポイント

❶ 多くのプレイヤーを間近に観察できる

❷ コースの知識も増え、ほかのコースの攻略にも生かせる

さらに嬉しいポイント!!

❶ 自然の中で汗をかき、運動不足を解消

❷ 休日の出勤が主なので本業に影響が出ない

重いゴルフバッグを背負って歩く仕事なので、体力的にキツいことは覚悟すべきだ。アルバイトの場合は、そのゴルフ場に所属することになる。

キャディは接客業

最も重要なのは、お客様に気持ちよくプレイしてもらうこと。お客様が失敗したときのフォローや成功したときの褒め言葉など、適切にいえるようになる必要があり、気苦労も多い。

お客様にアドバイスすることも大切な仕事だ。ゴルフコースの距離や傾斜、グリーンの芝目の読み、風などに精通する必要がある。

お客様に気に入られれば、高額チップがもらえたり、指名を受けたりすることもある。ただしチップ禁止のゴルフ場もあり、確認が必要だ。チップをあてにするなら、富裕層がプレイする名門ゴルフ場や、人の多い土日・祝日などを選んだほうがいい。

趣味と実益を兼ねて、シングルプレイヤーを目指すことができれば、最高の副業だ。

File 04 儲かり度解析

収入	日給 **8000～1万6000円**程度
時間	朝／昼
メリット	土日・休日が稼ぎどき。ゴルフ好きにはお得が満載
デメリット	１日中歩き回り、体力的にキツい
能力・資格	ゴルフの知識／技術
一言	指名やチップでさらに稼げる

自分を高められる仕事

キャディは接客業。ゴルファーに気持ちよくプレイしてもらう仕事。的確なアドバイスができれば収入アップも！

おススメのワークスタイル

土日だけの勤務になることが多い。１日拘束で**実働６時間程度**。最低でも**月６万～12万円程度**の収入になる。

File 05 儲かり度解析

コツコツ型

アイドルカフェ

収入	時給900~1800円程度
時間	朝／昼／夜
メリット	コスプレ好きにはおススメ！
デメリット	しつこい客や困った客へも対応しなければならない
能力・資格	容姿がいいと有利
一言	エンタテインメント業界への登竜門の1つ

行動あるのみ！

アイドルや声優になるための第一関門。自分でない誰かを演じる快感もある。

メイドのコスプレで「お帰りなさいませ、ご主人様」と接客してくれるメイド喫茶が２００１年、秋葉原に誕生してから、さまざまな喫茶店が出現している。

ブレイクを夢見る人に

アイドルや声優に憧れる女性にとっては、アイドルカフェで働いてみるというのも選択肢の1つだ。自分をアピールする方法、キャラクターになり切るコツなどを身につけられるかもしれない。

経営者側に立ってアイドルカフェを考えてみると、まず、どういう女性を雇うかということが重要になる。バイト感覚ではなく、芸能界へデビューするステップとしてとらえている女性がいい。そういう女性は、どうしたら自分を好きになってもらえるかという観点で接客するので、時給以上に働いてくれる。

秋葉原のアイドルカフェの忙しい時間帯は、土日などの休日なら一日中、平日なら、会社が終わった18：00以降になる。この時間帯に意欲のある女性をシフトするといい。

さらに経営で成功するためには、コスプレにできるだけ特化することだ。すでに、「ガングロカフェ」や「ギャルカフェ」「ガンダムカフェ」「妹カフェ」「RPGカフェ」「戦国メイドカフェ」などがある。

いまやカフェでも「世界観」が重要で、たとえば、ある有名ゲームをコンセプトにして「中世騎士カフェ」を開店したとしよう。その際には、店全体を徹底して中世騎士の世界観を醸し出すようにし、ウェイトレスやウェイターのコスプレはもちろん、話し方や動作まで徹底してコピーしよう。武器や防具、アイテムも用意して、来客がその世界に浸れるようにすれば、必ず人気が出る。

先輩の声

コスプレをやってみたくて、始めました。さすがに知り合いにばれたらイヤだと思って、住んでいる地域から少し離れたメイド喫茶で働いています。

メインはメイド服ですけど、イベントでさまざまな衣装を着る機会もあります。服装もメイクも、普段の自分とは全然違うからか、恥ずかしいと感じることはほとんどありません。お店にはアイドルを目指している子もいて、たくさんのファンが来店してくれています。

東京都　中村さん

ジックリ型 料理研究

料理研究家は、5年から10年もの厳しい修業時代を経てやっと一人前となる。では、素人が料理でお金を稼ぐことはできないのだろうか。

じつは素人でもできる

たしかに以前は簡単ではなかったが、インターネットが普及した現代では、それが可能になったのだ。

まず「**楽天レシピ**」。これは2010年に開設の比較的新しい料理サイトで、趣味を生かした副業におススメだ。まずここにあなたが作った料理のレシピを投稿し、公開されると楽天で買い物ができる50円分のポイントがもらえる。またほかの人のレシピで料理を作って感想などを投稿すると10ポイント、逆に、誰かがあなたのレシピの料理を作ってもあなたが10ポイントをもらえる。

しかし本命は、**料理のレシピとアフィリエイトを連動させて大きく稼ぐことだ。**レシピのページに、その料理を作るときにあると便利な器具、圧力なべやミキサーなどの宣伝を載せておく。その商品があなたのリンクを通じて売れた場合、成果報酬を得ることができる。

そのほか、「**クックパッド**」では、ハチミツ味噌でブレイクした勇気凛りんさんのように、レシピの投稿から「バイキング」などの多くのテレビ番組に出演し、料理本も出して、プロの料理研究家になった人もいる。

オレは食べることが好きで
料理好きな一般サラリーマン
ネットにレシピを投稿ポイントを稼ぐ
リンクを通して調理器具が売れた！
アフィリエイト
超簡単 茶わんむし
玉ねぎみそいため
丸ごとスペアリブ
¥ 報酬ゲット
サイトが人気になり
○○出版ですが―
本出ちゃった！
単身男性のための健康レシピ

File 06 儲かり度解析

収入	**ケースによって大きく異なる**
時間	24H
メリット	素人でもなれる
デメリット	すぐにお金にはなりにくい
能力・資格	料理好き／アイデアが豊富で斬新
一言	何かに特化した料理がブレイクしやすい

自分の趣味がお金儲けに！

クックパッドや楽天レシピで素人でも料理研究家になれる。人気が出て作ったレシピ本がヒットすれば、テレビ出演や高額所得者に!?

第2部

最新×稼げる
副業・起業

厳選!!
一攫千金の極意

副業・起業に生かせる おススメ資格！ Q&A

副業・起業に生かせるおススメの資格を詳しくご紹介。平凡なサラリーマンやＯＬでも、「チャンス」はあるの？など疑問に答えます。

Q1

私は、普通のサラリーマンです。あえていえば、パソコンのスキルと興味が幅広くあり、休みの日にはプログラミングをすることもあります。こんな自分でも昇給や副業のチャンスがあるような都合のいい資格ってありますか？

Yes

はい、あります。副業としては「非常勤講師」がおススメです。採用の可能性が広がる資格を紹介しましょう。本業の昇給や、スキルアップにも役立つかも。

専門学校講師に聞いた！

非常勤講師になりやすい資格一覧

システム関係講師	**応用情報技術者**（IPA、国家試験）	ワンランク上のエンジニアを目指す資格。高度ＩＴ人材への登竜門としての地位が確立されている。企業などでも確実に手当や報奨金を得られ、ほかの国家試験での科目免除などを受けられる。
	エンベデッドシステムスペシャリスト（IPA、国家試験）	家電などに搭載する組み込みシステムを構築する組み込みエンジニア向けの資格。いま多くの専門学校、大学で「組み込みシステム」のスキルを持った講師が求められている。
	情報セキュリティスペシャリスト（IPA、国家試験）	情報セキュリティ技術の専門家。情報システムの安全を守るための知識、実践力をはかる。近年個人情報の取り扱いの厳格化により、社会的な要請は増している。
ネット関係講師	**ネットワークスペシャリスト**（IPA、国家試験）	ネットワークエンジニアを目指す人向け。ネットワーク関連の資格の最高峰の1つ。本業でもこの資格を取得すれば、社内外から信頼は相当高まるものだ。
	シスコ技術者認定（シスコ、レベル：プロフェッショナル）	シスコシステムズ製品のベンダー資格。ネットワーク系のエンジニアは慢性的に不足しており、それを教えられる講師が専門学校を中心に求められている。
インストラクター関係講師	**MOS**（マイクロソフトオフィススペシャリスト）	ワード、エクセル、パワーポイントなどのスキルを客観的にはかり証明する資格。それぞれの力を極めるとマスターとして認定される。難易度はそれほど高くなく、パソコンは必須の本業も多いので、キャリアアップにもつながる実践的でお得な資格といえる。

体験談

私の本業はパソコンで事務作業をしており、業務や作業の効率化を目指し、MOSの勉強を始めました。最初はエクセルから受験し、最終的にはマスターの証明まで得られました。副業としてパソコンスクールの仕事を始め、月々7万円ほど稼いでいます。

講師の仕事をしてみて、相手の気持ちを汲み取りながら、コミュニケーションをすることの大切さがわかりました。

知っ得！まめ知識

副業で講師をする場合、最も求められるのは「明るさ、教育に対する積極性」だ。どんなに高度な資格を持っていても、受け入れる学校側に「暗い、極めて堅い」などの印象をもたれると、副業で稼ぐ以前に採用面接の通過すらおぼつかないだろう。これはあとで紹介する家庭教師にもいえることだ。人と向き合ってする仕事であることを肝に銘じておきたい。

ちなみにいま、情報系をはじめ専門学校の多くで、日本語教師が足りていないという話もある。日本語教師は比較的簡単になれる職種で狙い目という先生もいる。ここで紹介した情報系の資格とともに押さえておくとよい。日本語教師になるには、教師養成講座に通う方法や、日本語教育能力検定試験を受ける方法などがある。ただし、養成講座は420時間を費やし、なりやすいがそれなりに努力が必要なことも知っておこう。

さらに稼ぎたいなら

プロジェクトマネージャという国家資格もある。対象者は、主にコンピュータシステムに新しい機能を導入したり、仕様を変更したりする際に、チームリーダーとなって、プロジェクトの計画立案や予算の管理をしたり、関係者との交渉・調整や人員の確保などを行う人だ。

この資格を持つ30代男性の平均年収は650万円で、持っていない人と比較すると180万円ほど多い。多くのIT企業が「プロジェクトマネージャ試験」に対して奨励金を出している。合格者への一時金の平均は約16万円であり、また、資格手当として月平均約2万円が支給されている。IT業界の花形資格だ。

プロジェクトマネージャ資格　まとめ

★合格すると会社からの**奨励金100万円**のところもある。

★年収は**平均で180万円アップ**する。

★高額副業も多数ある。**独立開業できれば、弁理士、公認会計士、行政書士なみの収入の可能性も。**

★難易度は中級で、**社会的評価は大企業の部長クラスの場合も。**

合格率や勉強時間から考えると、意外と効率よく稼げる！

合格率

プロジェクトマネージャ	13.4%（平成27年度）
公認会計士	10.1%（平成26年度）
弁理士	6.9%（平成26年度）
行政書士	8.27%（平成26年度）

勉強時間

プロジェクトマネージャ	約700時間
公認会計士	約5000時間（毎日8時間 2年弱）
弁理士	約5000時間（毎日8時間 2年弱）
行政書士	約300～1000時間

＊時間には個人差があります。

「取りやすい資格で確実に仕事に就くことができ、長く働ける可能性がある」そんなムシのいい資格ってあるでしょうか？

一押しの資格があります。それは、「調剤薬局事務」の関連資格です。

確実に仕事先が見つかる！

調剤薬局事務は主に保険調剤薬局での薬剤師のサポートが仕事になる。具体的には、処方箋の受付や新規患者の情報登録、毎月の保険証の確認、処方箋の薬剤師への取次ぎ、薬の点数や価格の計算補助、薬の効果や副作用の説明書きの作成や印刷などになる。

調剤薬局事務関連資格の利点

★保険調剤薬局への就職は苦労なしの引っ張りダコの資格
★高齢になっても働きやすい
★1カ月の勉強で合格できる可能性も

国の方針で「医薬分業」が推進され、病院では処方箋を出し、薬は薬局で調合して渡すようになった。結果、調剤薬局事務は全国で必要になり、人員が求められているため、確実に薬局で働くことができる。

また、これから高齢社会は、さらに進行するので、調剤薬局事務の仕事が衰退する心配はまずないといっていい。事務職なので体を酷使せず年齢を重ねても働くことができる。時間に融通が利きやすいので、副業にもおススメだ。調剤薬局事務の資格は数多くあるので、自分に合ったものを選ぼう。

調剤事務管理士の試験概要

受験資格	なし（学歴、実務経験不問、年齢制限なし）
試験日	年６回（奇数月第４土曜日）
試験内容	学科試験、実技試験　＊参考書などの資料、電卓持ち込み可
合格基準	学科：70％以上／実技：各問 50％以上、全体で 70％以上
試験時間	２時間
合格率	60％程度
内容	・学科試験：マークシート 法規（医療保険制度、調剤報酬の請求についての知識） 調剤報酬請求事務（調剤報酬点数の算定、調剤報酬明細書の作成、薬剤用語についての知識） ・実技試験：調剤報酬明細書の点検１問・作成２問
学習期間	３～６カ月　＊集中すれば１カ月でも
費用	受験料 5700 円（税込） ＊通信講座を利用して３万～４万円程度

＊そのほか、調剤報酬請求事務技能認定資格などがあります。
詳細は実施団体ホームページなどをご確認ください。

代表的な業務はレセプト業務

レセプトとは「調剤報酬請求明細」のことで、簡単にいえば、保険者に薬代を請求するために必要な書類を作成することになる。調剤薬局事務の近接資格に「医療事務（診療報酬請求事務能力認定試験）」がある。「レセプト業務」を行うため、調剤薬局事務と類似点があり学習しやすい。

Q3

景気に左右されず安定して仕事があり、手に職がつく契機になり、就職や転職、ひいては将来の独立起業に役立つ資格はありますか？　やさしめでお願いします。

第二種電気工事士の利点

★2020年の東京オリンピック・パラリンピック開催による電気工事の需要増でさらに注目の資格に

★難易度は非常に高いというわけではないが、技能が合否のカギになる

Yes

それなら「第二種電気工事士」がいいでしょう。

今後、求人が増えるかも！

第二種電気工事士の仕事は、住宅や小規模な店舗で、600V以下で受電する設備の工事などに従事できる。屋内の配線工事やコンセント、アースの施工をし、エアコンや温水便座、システムキッチンの設置も行える。

漏電や感電、火災の恐れがあるため、こういった電気工事には第二種電気工事士の資格が必須で、違反者は法律により罰せられる。ということは、**仕事が法律によって保証されているといってもいいだろう。**

実際、不況時であっても第二種電気工事士の有資格者の求人は安定している。資格を取った段階で「手に職をつけた」状態になるのだ。2020年の東京オリンピック・パラリンピックを前に、いくら人手があっても足りない建設会社や不動産会社、電気工事会社などから、ある程度の待遇で引っ張りダコになることは間違いない。

第二種電気工事士の試験概要

受験資格	なし（学歴、実務経験不問、国籍、年齢制限なし）
試験日	筆記：上期6月上旬、下期10月上旬 技能：上期7月下旬、下期12月上旬（2015年度）
試験内容	筆記試験、技能試験
合格基準	60％程度
試験時間	2時間
合格率	60％程度（平成26年度筆記）　70％程度（平成26年度技能）
内容	・筆記試験：四肢択一マークシート　50問 電気と電気工事の基礎を問う。一般問題と配線図面問題がある ・技能試験：持参した作業用工具を使用して、定められた時間内（40分）に配線図で与えられた問題を完成させることにより、技能を評価する
学習期間	3カ月程度　＊集中すれば1カ月でも
費用	受験料 9600円（税込、インターネット申し込みは9300円） ＊通信講座を利用して、6万円程度

経験・知識をお金に換えるヒントとは？

お金になる専門知識

資格を取るには時間もお金も必要だ。そして、お金に直結する資格もあれば、あまりお金にならないものもある。たとえば、**中小企業診断士**という資格は中小企業に対して経営課題に対応するための診断・助言を行い、課題解決のためのコンサルティングをする。いわば企業のお医者さんのような存在で大変な人気職業だ。**合格率も10～20％の難関資格で、1年以上必死に勉強しなければならない。しかし独立開業すれば、ばらつきはあるが500万円から1000万円の年収が期待できる。**

また、2016年から実施されるマイナンバー制度によって仕事が増えることが予想されるのが、**行政書士**だ。これも**合格率10％未満の難関資格で、近年競争は激しいものの、ビジネスチャンスは増えそうだ。**

芸は身を助く

このように資格として確立されているものだけがお金になるのではない。たとえば、鍵師は24時間365日営業のところもあるので、あき時間をバイトにあてて、本業を持ちながら技術を学ぶことが可能だ。深夜に酔って家の鍵をなくして入れなくなってしまった場合、鍵開けと複製鍵を作るだけで深夜の出張費を含めて**3万円程度の収入になる。かかる時間はわずか15分ほどだ。1年ほどで一人前になれるので独立開業にはもってこいの技術といえる。**

また店舗で働く人は、POPが描けると重宝される。POPとは、店頭や商品陳列棚などに設置する主に手描きの広告のこと。印刷された広告より手描きの広告のほうがお客様への訴求力があるし、売れ行きにより臨機応変に対応できるという利点もある。

さらにPOP広告を描く技術があれば、自分の店だけでなく、副業としてほかの店舗のPOPを描いて収入を得ることもできる。数字や文字を書く技術さえマスターすれば、意外と簡単だ。元手は数本のポスターカラーや画筆、マーカーなどだけで、稼ぐことができる。

経験や知識もお金になる

資格や技術だけでなく経験や知識もお金に換えることができる。経験や知識といってもどんなものが役立つのか、と考えてしまう人もいるだろう。

例を挙げると医者や弁護士、会計士などの経験がある人は、その経験を売ることができる。

会計士で税理士の山田真哉さんは、小説『女子大生会計士の事件簿』シリーズで小説家デビューし、その後『さおだけ屋はなぜ潰れないのか?』が大ベストセラーとなった。自らの経験や知識を総動員し、売ったわけだ。同様に、医者や弁護士など専門性の高い仕事であればお金になる。

また、警官や消防士、自衛隊、鉄道職員など情報が表に出にくい職業も、内幕が知りたいといった、マニア的なニーズがあるので、自らの経験を売れる可能性がある。下の表にもヒントをまとめておく。

＊創作物を作る際は、著作権や肖像権など関連法を知っておきましょう。

出版社への売り込み	◆編集者への売り込み つてをたどって、企画を持ち込む。編集者はいつも企画を探している。 ◆著者セミナーへの参加 ベストセラー編集者が講師を務めるセミナーを受講し、出版を目指す。 ◆漫画雑誌への原画売り込み、賞への応募 ストーリーを作るのが得意であれば、この方法がおススメ。 
テレビ制作会社＆映像制作会社	◆出版以外にも映像系のメディアでは原作を求めている 職業モノ、特殊な職業の内幕モノが高く売れるかも。 
情報商材	◆自らの経験をインターネットで売る 異性にモテる方法、ギャンブル必勝法など裏ワザ的情報は高く売れるかも。 詐欺まがいの商品と思わせないように注意。 
同人誌	◆有望な同人作家と組んで、儲ける方法 同人誌販売会で、将来有望な作家を発掘。自らの経験と組み合わせて商品を売る。 
メルマガ配信	◆ごく平凡な知識も、アレンジを加えると儲けのネタになる 《例》地元の店の看板娘紹介。即席めんの味・価格比較記事など、ここでしか読めないメルマガ配信で儲ける。 固定ファンのいる人は、会員制メルマガで儲けることができる。 

年300万円超えも!?
これからヤバイほど儲かる!

厳選!!

副業・起業セレクト10

No.1	ユーチューバー	自分が発信する動画をみんなに見て楽しんでほしい!! そんな思いがあれば、きっとあなたも大金をゲット!
No.2	リラクゼーション	パソコン仕事が多い現代人はみんな肩こりに悩んでいる!! やり方1つで金鉱を掘りあてられる!
No.3	サラリーマン大家	アパートやマンションを管理するだけなら副業でもできる。しかし、大家として成功するにはテクニックが必要!!
No.4	介 護	少子高齢化に歯どめがかからないのであれば、世のため人のためにも、是非介護のノウハウを身につけておきたい!
No.5	情報保護業	マイナンバー制導入で情報管理の徹底が企業に義務づけされる!! そこに新たなビジネスチャンスがある!!
No.6	高齢者の話し相手・愚痴聞き屋	1人暮らしの老人には話し相手もいないだろうし、家事も大変だ!! あなたの誠意がきっと評価される!
No.7	婚活・終活ビジネス	人生の節目、幸せになるための努力に人は金を惜しまない。アイデア1つで勝負ができる!!
No.8	代行サービス業	自分でできないことを代わりにしてあげる。そこに対価が生まれる!!
No.9	ペーパードライバー教習ビジネス	都会のサラリーマンにはペーパードライバーが多い。あなたのドライブテクを教わりたい人はたくさんいる!!
No.10	ストックフォト	あなたの傑作はきっと評価される!! どんなものを撮っても、それなりに需要がある!

No.1 ユーチューバー

ユーチューバーは、ユーチューブのような動画共有サイトに高い頻度で投稿する人を指す。多くは動画に広告を載せ、広告収入を得ている。**再生1回についての広告料は契約によってまちまちだが、おおむね0・1円から0・5円程度といわれていた。**いまでは広告料は半分〜4分の1程度に下がったともいわれる。一方、買った洋服やコスメなどを紹介するだけの動画を投稿しているアメリカの女性ベサニー・モータさんは、ユーチューバーとしての**年収が約5000万円**あるという。

稼ぐコツはとにかく自分が面白いと思うことを発信し続けること。何がはやるかは、特にネット社会では予想しがたいので、自分を信じて続けよう。環境の変化はあるが、副業としてはやはりおススメといえる。

File 01 儲かり度解析

収入	**ケースによって大きく異なる**
時間	24H
メリット	大金を手にできる可能性
デメリット	不発に終わることが、大半
能力・資格	面白いことに敏感
一言	人からユニークといわれる人はぜひチャレンジを！

Pick UP!

では、どんな動画を投稿すれば利用者に好まれ、ユーチューブで人気者になれるだろうか？先ほどのベサニー・モータさんがどんな動画を公開したのか、紹介しよう。

北カリフォルニアに住むベサニーさんは18歳のとき、自分の買ったものを紹介した動画で一躍人気者になったのだ。

彼女はオンラインではファッション誌『ヴォーグ』よりもよく知られていて、フォロワーも800万人以上。これをきっかけに自分の洋服やジュエリーのブランドも起業したほどだ。自分の趣味を儲けに転換させたおかげで、親元を離れて独立することもできた。ベサニーさんはショッピングモールでの買い物を逐一実況中継し、洋服など戦利品をユーチューブで全世界に公開している。

用語／画面解説

攻略Point 再生回数を増やすコツ!!

1. 動画再生の最初の数秒、だいたい15秒ぐらいのアピールポイント提示が重要!!
2. 動画の顔となるサムネイルを、視聴者が見たいと思うものにする!!
3. タイトルやタグも重要!! 検索や関連動画からの呼び込みになるので、うまいコピーを考える。
4. ネットなので、世界を相手にすることができる。言葉に頼らないインパクトのあるものや、字幕などをつけることも考えに入れておこう!!
5. 検索の多いキーワードや話題など、誰でもすぐに引けるものをテーマに選ぶ!!

No.2 リラクゼーション

マッサージ、ストレッチ、整体、指圧などのリラクゼーション業が急成長を遂げている。厚生労働省の調査などから換算すると日本人の2400万人が肩こりに悩み、2800万人が腰痛持ちであるという。さらにストレス社会、高齢社会は進行する一方なので、将来も安定した職種だ。

ところでマッサージ師として独立開業するには、**「あん摩マッサージ指圧師」の国家資格が必要だ。**この国家資格は業務独占資格である。専門学校に3年通い、国家試験に合格しなければならない。独立開業はもちろんリラクゼーション関連の職業は将来性もあり、手に職をつけておくと高齢になっても続けられるという利点がある。

File 02 儲かり度解析

収入	月収20万～30万円
時間	朝／昼／夜
メリット	安定した成長産業
デメリット	技術・資格の取得にお金も時間もかかる
能力・資格	あん摩マッサージ指圧師
一言	資格を身につけて一生安泰

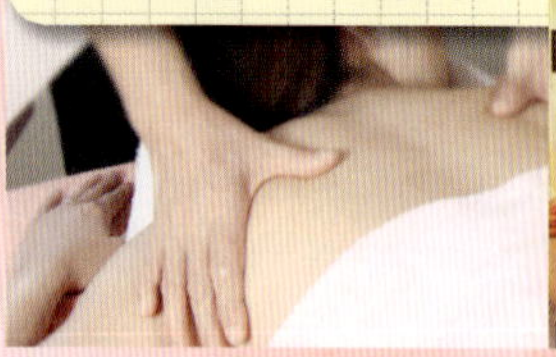

No.3 サラリーマン大家

資金のある人におススメなのが、アパート・マンション経営だ。足りない資金は民間の銀行よりも低金利な政府系の金融機関で融資を受けることができる。入居者さえいれば、何もしないで月々安定した収入を得られる。

近年、入居率が高いのが「シェアハウス」だ。人間関係を構築することが苦手な若者が急増していて、そういう人が仲間を作る目的でシェアハウスを利用することも多い。特に若い女性をターゲットにしたシェアハウスは人気がある。

また、**商用施設などを組み込んだ物件を、仲介業者の紹介で多数の人と大家をシェアする方法**などもあるので、建物を持つことに不安がある方にはおススメだ。こういった投資型の儲けは一概にはいえないが、たとえば一口100万円の物件で6%ほどの年利が得られるようなものもある。

しかし、建物をすでに持ってしまっている方にとって問題が何もないわけではない。**建物を建てるための銀行ローン、空室の問題、住民トラブル、建て替え**など問題は数えきれない。

特に難しいのが空室問題で、**仲介と管理が一体型の不動産屋に任せてしまうとなかなか空室が埋まらない。**

そういった不動産屋は、自分の管理する物件に仲介しようと店子希望者の選択肢を限定して囲い込むので、店子が捕まりにくい状態になってしまうのだ。

だから、**仲介と管理を分けて考えるプロパティマネジメント**を採用している業者に委託すると、空室問題がある程度解消されるのでおススメできる。もちろん選んでもらえる部屋にする努力は、なんであれ必要になるので、そういった**コーディネートもセットで委託できる業者**を見つけることが成功の鍵だ。

No.4 介護

介護の仕事は、重労働で低賃金のイメージが強い。実際、現場はそうだろう。だが視点を変えて、経営者になるとしたら、儲けることも可能だ。

介護事業にはさまざまな補助金、助成金が国や自治体から出る。これは返還の必要がない。たとえば介護福祉機器等助成では、介護労働者の負担を軽減するため、介護福祉機器の導入の際に支給対象となる費用額の2分の1（上限300万円）まで補助金が出る。

介護保険により利用者は1割（年収が多い人は2割）の負担ですむので、「訪問介護」「通所介護」「ショートステイ」などのサービスを高齢者に利用してもらうのは難しくない。ただ競合が多いことは覚悟しよう。

File 03 儲かり度解析

収入	月収15万～20万円 （経営者になるとさまざまな補助金あり）
時間	24H
メリット	今後も確実に需要あり
デメリット	重労働の割に低賃金
能力・資格	介護福祉士など
一言	経営者になれば国が制度で後押ししてくれる

No.5 情報保護業

2016年1月よりマイナンバー制度が導入される。この制度で最も懸念されているのが、個人情報の流出で、罰則の強化などの対策がなされる。

この状況を好機にするためには、資格を取ること。**「情報セキュリティスペシャリスト」や「個人情報保護士」**という資格があり、マイナンバー制度導入によって注目されている。

「情報セキュリティスペシャリスト」はIT系の国家資格で難関だが、「個人情報保護士」は民間資格で難易度は高くない。資格を取って副業や起業に役立てよう。

No.6 高齢者の話し相手・愚痴聞き屋

独居高齢者の買い物や掃除などを代行したり、話し相手になるビジネスがある。また、高齢者に限らず、依頼者の愚痴を聞くというだけのバイトもある。

愚痴聞き屋

1分60～100円程度の料金。バイトだと時給850～1000円ほどだが、時間や曜日が自由で話す、聞くだけの楽な仕事だ。

高齢者の話し相手サービス

1回1～3時間程度で、3000～6000円ほどの料金が取れる。時給に換算するなら、比較的割のいい副業だといえるだろう。

高齢者の家を訪問するようなバイト（訪問介護、宅配など）をして高齢者と親しくなり富裕層の1人暮らしをリストアップできれば、起業の助けにもなる。

File 04 儲かり度解析

高齢者の話し相手サービスの場合

収入	1回3000～6000円程度
時間	朝／昼／夜
メリット	ラクに儲かる新ビジネス 体力的には無理がなく、副業しやすい
デメリット	高齢者の信頼を得るのに時間がかかる 相手の愚痴によるマイナスオーラを受けるかも
能力・資格	気が利く／話し上手
一言	お客様に気に入られればさらなるビジネスチャンスも！

No.7 婚活・終活ビジネス

日本の適齢期の独身男女は1800万人以上いるので、婚活パーティ主催などの婚活ビジネスは、大変有望だ。しかし競合が多いので、どういう男女を集客するかが成功のカギとなる。**男性は「年収○○万円以上」、女性は「モデル限定」など、参加者をできる限り明確にすることで差別化を図る必要がある。**

終活ビジネスも盛況だ。**人はよりよい最期のために金に糸目をつけないので、高額であっても受け入れられる素地がある。**死生観は人によって大きく異なる。世界中に散骨することを望む人もいるかもしれないし、生涯を本や動画で語りたいと思う人もいるかもしれない。だから親身になって話を聞き、その人にとって最高の終活を演出することができれば、感謝もされるし、ビジネスとしても成り立つだろう。

No.8 代行サービス業

結婚式の代理出席

飲んで食べて1万円がもらえる。まさに夢のようなバイトだ。**バイト代は1回5000円から1万円程度のことが多いが、スピーチや楽器演奏などの余興をすると、バイト料はさらにアップする。**

明るい性格で、場を盛り上げることが得意な人に向いている。

墓参り代行サービス

お墓から遠い地域に住んでいる人や忙しい人、また高齢で自分ではなかなか行けない人たちに代わって墓参りをする。献花したり、お線香をあげたりするだけでなく、墓石の掃除や草むしりなどもするのが一般的だ。墓参りの前と後の画像を依頼者に送ることも、大切な仕事の1つになる。

アルバイトの場合、**1回について5000円から1万円の収入が相場だ。**

もし、この墓参り代行サービスを自分で立ち上げると、**1件2万円程度を請求することができる。**

File 05 儲かり度解析

結婚式の代理出席の場合

収入	1件 5000～1万円
時間	朝／昼／夜
メリット	飲んで食べてお金になる
デメリット	バレたら一巻の終わり
能力・資格	場を盛り上げられる
一言	鉄板の余興ネタがあるとさらに稼げる

File 06 儲かり度解析

墓参り代行サービスの場合

収入	1件 5000～1万円
時間	朝／昼
メリット	特殊技術はいらない
デメリット	墓を汚してしまうかも
能力・資格	特にナシ
一言	起業して月収40万円超の人も

謝罪代行サービス

会社や担当者のミスで取引先を怒らせてしまったときに、その会社や担当者の代わりに謝罪する仕事が、謝罪代行サービスだ。

完全に担当者などを装って謝罪する場合もあるし、担当者と同行することもある。

料金はケースによって大きく異なるが、**謝罪の文書の作成や電話での謝罪なら1万円程度、訪問して謝罪する場合は、2万〜5万円程度が多いようだ。**

クレーム処理などの経験がある人にとっては、副業や起業に適している。ストレスがたまりそうだが、人が嫌なことをするから儲かるのだ。

File 07 儲かり度解析

謝罪代行サービスの場合

収入	1件 1万〜5万円
時間	24H（謝罪先の都合に応じて）
メリット	人が嫌なことを代行するので大きな収益になる
デメリット	ストレスが強い
能力・資格	クレーム処理などの経験
一言	まだ競合が少ない職種。成長産業になる可能性も

告白代行サービス

恋愛相手に告白できない人が急増している。そういう人に代わって相手に告白したり、告白するサポートをしたりする仕事だ。

依頼者が告白内容などを全部決め、そのプランに従って代理人が告白する場合は低料金（**3万円程度が多い**）だが、相手の恋人の有無、趣味や相性などの調査が入り、告白に適した場所や告白内容などをアドバイスして依頼者が告白する場合は、料金も倍（**6万円程度**）になるケースが多い。**成功報酬ではないので、リスクはない。**バイトだけでなく、副業や起業にも適している。

File 08 儲かり度解析

告白代行サービスの場合

収入	1件 3万〜6万円 程度
時間	24H
メリット	成功報酬でないのでリスクが少ない
デメリット	マーケットに対し競合が多い
能力・資格	告白相手を調査する技術
一言	探偵業と併用することが多い

別れさせ屋・復縁屋の場合

収入	成功報酬 100万円も!?
時間	24H
メリット	目標が明確でやりがいがある
デメリット	失敗すると報酬は激減
能力・資格	演技力／問題解決力
一言	独立すれば、高額収入も！

別れさせ屋・復縁屋

「いまの恋人と別れたい」「元彼とよりを戻したい」こんな願いに応える仕事。多くは探偵社がその業務を行っていて、職員がさまざまな工作をして目的を達成する。たとえば、父親と和解したい娘がいるのなら工作員が父親と親しくなり、それとなく和解を勧め、ちょうどいい時期に娘と偶然を装って会わせたりする。

多額の設立資金はいらず、起業や副業に向いている。演技に自信のある人や、普通の仕事では飽き足らない人にピッタリだ。**報酬は、成功報酬＋着手金＋実費の形が多く、総額100万円以上も珍しくない。**依頼者としては、人間関係を思い通りに構築できれば、100万円など惜しくないはずだ。

レンタル家族

親や兄弟、夫婦や恋人などになりきる仕事だ。

たとえば、家庭が複雑で婚約者の家族に両親や兄弟を会わせられない状況のとき、レンタル家族を依頼して、両親や兄弟になりすましてもらう。

恋愛が苦手な人が、恋愛の練習をするために恋人役として雇う、レンタル彼女やレンタル彼氏もある。

料金は、1時間5000円から1万円＋実費ぐらいが多い。アルバイトでする場合、時給は、**普通のアルバイトより少し高い程度**であることがほとんどだ。顧客確保の方法が確立されているなら、大きく稼ぐにはやはり自分で起業するのがいいが、多少の演技力と度胸は必要かもしれない。

File 09 儲かり度解析

収入	時給1200円前後
時間	朝／昼／夜
メリット	さまざまな人と接することができる
デメリット	バレると取り返しがつかないリスクも
能力・資格	度胸／演技力
一言	人間関係に悩む人を助ける仕事

No.9 ペーパードライバー教習ビジネス

免許は持っているが運転に自信のない人に運転を教える仕事だ。運転に自信のある人の起業や、副業に最適。**元手は免許証だけで車は依頼者の車を使うので、初期投資などが大きくは必要ないのもメリットだ。**

依頼があれば、依頼者の家へ行き、運転のアドバイスをする。ペーパードライバー教習は、自動車教習所でもやっているが、教習ビジネスの場合「入所金が不要」「好きな車（自分の車）で教習できる」「好きなコース、習得したいコースが選べる」「家から家の教習で無駄がない」など、利用者側のメリットは計り知れない。競合相手は教習所なので、近隣のペーパードライバー教習を調べて料金設定をしよう。

File 10 儲かり度解析

収入	1件7000～8000円程度
時間	朝／昼／夜
メリット	免許証さえあれば、誰でもすぐに始められる
デメリット	集客に工夫が必要
能力・資格	普通自動車免許／接客技術 交通法規の熟知
一言	比較的新しい商売で発展性がある

攻略Point 社会貢献できる仕事!!

障がいのある方にとって、一般の教習所に行きペーパードライバー教習を受けるのは至難の業だ。障がいのある方にとって車は必需品のはずなのにあまり利用されないのが現実だ。免許に合格してから障害が進んでしまい、運転しなくなってしまった人も多くいる。そういう人のためにペーパードライバー教習を行えば、意義のある仕事になるし、お金も得ることができる。障がい者の方の施設に業務内容を説明して困っている人を紹介してもらえれば、集客には苦労しないですむ。社会的意義のある仕事なので、国や自治体から助成金をもらえる可能性も高いのだ。

No.10 ストックフォト

ストックフォトは、企業がホームページなどに使う写真を貸し出す仕事だ。最近は高性能のカメラが登場し、プロでなくても、商用の写真を撮ることができるようになった。

ストックフォトの会社に写真を投稿して稼ぐ方法と自分でやる方法がある。もちろん自分でやるほうが大きな利益が期待できる。**稼ぐ人だと月額30万円程度の収入があるという。**写真を趣味とする人には最適な副業だ。自分の写真が評価されたという満足感とともに収入を得ることもできるのだ。

File 11 儲かり度解析

収入	稼ぐ人で月額**30万円**程度
時間	朝／昼／夜
メリット	趣味が実益になる
デメリット	被写体の権利保有者などに許可を得ておかないとトラブルになることも
能力・資格	いい写真を撮れるセンス
一言	カメラとそれを操る技術があればいつでも始められるが、需要のある写真を撮るにはテクニックやアイデア、マーケティングも必要

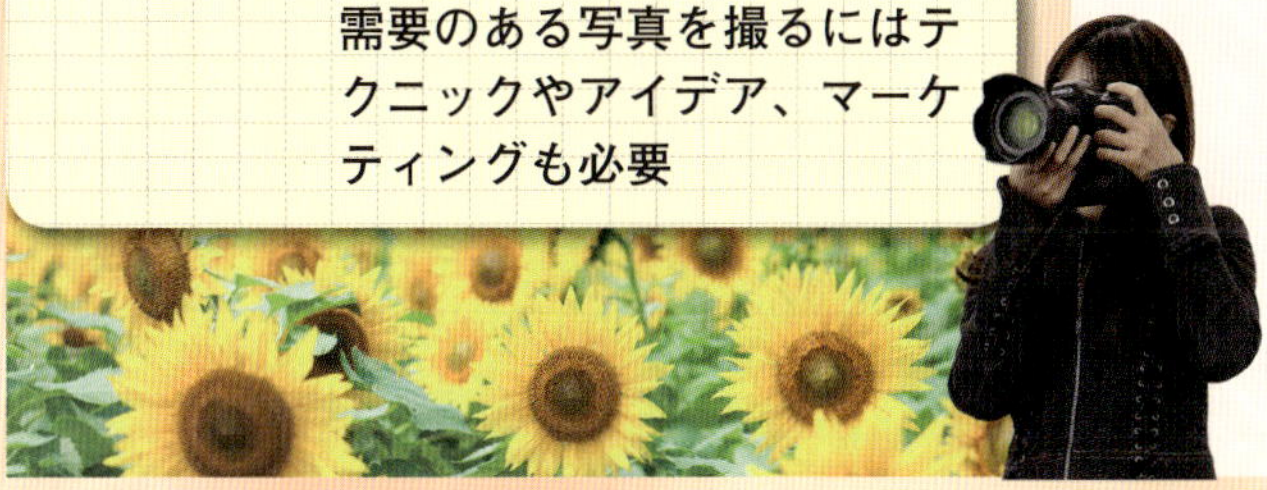

番外編 その他おススメ!! 副業・起業FILE

移動販売

人が集まる商業施設の駐車場などを借り、自動車でいろいろなものを販売する。いまや市民権を得、フランチャイズも多い。いま人気の「富良野メロンパン」の場合、開業資金200万～350万円で起業でき、月25日稼動し利益は月額標準60万～70万円程度。オフィス街昼食時の自動車弁当販売は個人で開業できるが、保健所の認可など、注意が必要な点がいくつかある。

ベロタクシー

1997年にドイツで生まれた高性能3輪の自転車タクシーで、環境に優しいのが特徴だ。法律上、自動車（軽車両）扱いだが、交通渋滞も回避できる。多くが電動アシスト付きで屋根もあり、運転者の肉体的負担は少ない。日本でも、全国の多くの大都市で運行され、東京でも渋谷区、港区、千代田区などで運用されている。経営母体の多くはＮＰＯ法人なので、運行していない地域でＮＰＯ法人を立ち上げて運営すれば、独占的に利益をあげられる可能性がある。

養殖ビジネス

サラリーマンが自宅でできる副業の１つに養殖ビジネスがある。しかし安易に手を出すと赤字になる。たとえばカブトムシは飼育しやすいが、寿命が短いために価格も安い。業者に売ると利益はほとんど出ない。以前注目されていたのが、レッドビーシュリンプだ。これは観賞用のエビで高いものは一匹数万円もする。ただ、素人が育て上げるのはラクではないし、流行しているものを養殖しても、うま味はない。新たなヒット商品を見つけることが大儲けの鉄則だ。

身の丈起業のススメ

これから大きく儲けたいあなたへ！

起業の実態

起業の成功確率は３％以下？　一歩間違えると地獄行き

統計によれば、新規開業した会社は１年以内に大部分が消滅し、その後一定の割合で倒産、廃業していき、**10年後に生き残っているのは10%、そのうち赤字やギリギリの経営は７%、なんとか会社として成り立っているのはわずか３%といわれている。**

このように独立起業というのは甘くない。東京商工リサーチが２０１４年に発表した、負債額１０００万円以上の企業倒産件数は９７３１件だった。また負債総額は１兆８７４０億円に及ぶ。**じつはこの数字は、ここ20年ほどで一番低い数字だ。**２０００年前後頃では倒産件数は２万件に迫り、負債総額も２兆５千万円近かったのだ。

では、会社を倒産させてしまった起業家たちはどうなってしまったのだろうか。起業のためにつぎ込んだ自己資金をすべて失ってしまう、といった程度の状況ならまだ救いがある。またサラリーマンとして復活できるチャンスもあり、生活が維持できるからだ。

最悪のケースは、多額の借金を背負ってしまった場合だ。さまざまな理由で自己破産できない場合もあり、一生借金を返し続けなければならないこともある。心身の疲労で病気になってしまうこともある。まさしく起業は一歩間違えると地獄行きになる。

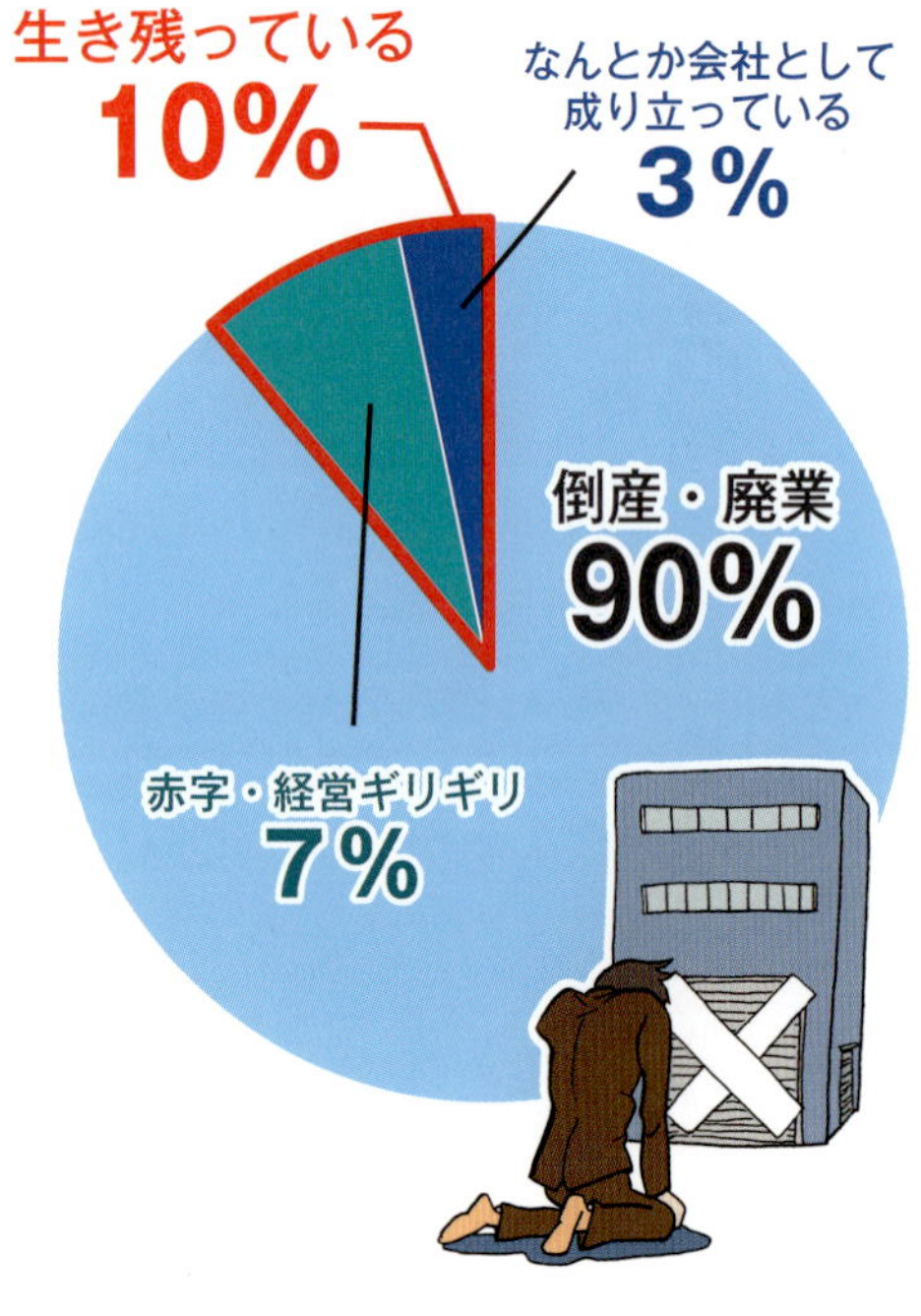

起業失敗の原因

失敗の原因にはまず「経営者の甘い考え」が挙げられる。起業する際に「これでオレも一国一城の主だ。サラリーマン時代のように頭を下げずにすむ」などといっている人は、必ず失敗する。

経営者になると、サラリーマンの何十倍も頭を下げる局面があるだろう。会社を運営するには多数の協力が必要になる。銀行に、取引先に、顧客に頭を下げる。その覚悟がなくては成功などあり得ない。サラリーマンの何倍も何十倍も苦労するのが経営者なのだ。それが嫌ならサラリーマンを続けることだ。

実際起業してみると、いかにサラリーマンが守られているかわかる。税金や年金なども会社が処理してくれる。サラリーマンの1人あたりのコストは年収の2倍、会社が負担しているともいわれる。

次に、社会のニーズを読み違えていた場合だ。これは儲かるハズだと始めた事業が、じつはすでにブームが去っていて、お客様に受け入れられないこともあるし、競合他社が強くて入り込めず、売上が伸びないこともある。

こういう読み違いがあった場合は、傷口が広がらないうちにできるだけ早く撤退する。もう少し頑張ろうとためらっていると、泥沼に足を取られて抜け出せなくなる。

最初はうまくいっていたのに、次第に先細りになるというケースもある。おいしかったラーメン屋のラーメンが、だんだん味が落ちてくるという経験をしたことはないだろうか。最初は確立したレシピを忠実に守っているので味を維持できているが、次第に慣れや面倒くさいという気持ちが出てきてこのような結果となる。ほかの事業でも同じで、最初に決めたサービスがだんだんできなくなり、ついには倒産という結果になることも多い。

本書の冒頭にあるように、**「モチベーション」を維持することは至難の業なのだ。** 逆にいうと、モチベーションを落とさずコツコツ地道に努力できる人にはチャンスが訪れる。

リスクを回避して「身の丈起業」を！

では起業がダメかというとそうではない。成功すれば億単位の金を手にできるし、社会的にも尊敬される。そして仕事に充実感を覚えることもできる。

起業で成功する秘訣は、立ち直れないほどのダメージを負わないこと。つまり、**まずはリスクを最小限にして、自分の能力の範囲を越えない「身の丈起業」を目指すようにしよう。**

身の丈起業とは、資金は自分で出し、従業員は自分1人ないしは1、2名程度で事業を開始することだ。

そのためにはまず、使う自己資金はすべて失ってもいいと思える金額にすることだ。よく定年退職をした人が、「第二の人生だ！」と張り切って、退職金を全部はたいて起業することがある。退職金のすべてを失っても老後が保証されるだけの財産があれば別だが、そういった冒険は避けるべきだ。**起業の成功率は3%という事実を肝に銘じるべきだろう。**

また起業後、会社が1年継続したが、利益が出ないという場合、これから先も成功する可能性は極端に少ない。コンセプトを大幅に変えるか、別の事業に乗り換えたほうがいい。事業で損失を出すと、パチンコなどのギャンブルと同じで、なんとか取り返そうと頑張りすぎて失敗する。撤退する勇気もリスク回避には欠かせない。

サラリーマンをやめずに起業する

サラリーマンは辛い職業だ。イヤミな上司の理不尽な命令には従わなければならないし、自分とは何の関係もないクレームに平身低頭しなければならない。会社への貢献はまったく評価されず、給料にも反映されない。自宅で数週間かけて作った渾身の企画書は簡単にボツになるし、サービス残業しても誰からも感謝されない。

サラリーマンならこういった不満を持つ人もたくさんいる。いくらあなたが利益をあげても、潤うのは経営者だけだからだ。それならということで独立起業を決意する人も多くいる。

しかしちょっと待っていただきたい。サラリーマンを辞めて起業するのはリスクが高すぎるのだ。**サラリーマンを辞めずに並行して起業はできる。**

たとえば、あなたが営業マンだとしよう。何年も営業マンを続けられているとしたら、それはあなたは優秀な営業マンだという証拠だ。いいお客様も増えたところで、独立を考えるようになる。「ここだけの話ですが、独立を考えています。もし独立したら、私と契約していただけますか」と親しくなったお客様に話す。「もちろんです。あなたの仕事には満足しています。お約束します」と嬉しい答えが返ってくる。

そのようなお客様が多くいて独立に踏み切ることがあるが、こういうケースはたいてい失敗する。**サラリーマンは自分の実力だけで契約できたと考えがちだが、バックに信用できる企業があるから契約できるのだ。それを勘違いしている営業マンはじつに多い。**

お客様の口約束を信じるのもよくない。あなたが独立し、お客様を引き抜こうとしたら、会社は全力で妨害する。そうしないと次々と独立する社員が出てきて会社が成り立たなくなるからだ。独立起業は甘くない。だからぜひとも本業と起業を両立させ、成功の道を歩むようにしよう。

起業のためのタイムテーブル　一例

ホップ

❶企業の形態はどうするか

個人事業主にするか、株式会社にするか、合同・合資・合名会社にするかを選択する。

❷協力者の募集

必要なら従業員を募集する。自分に欠けている資質、不得意な分野に長けている人がよいだろう。

❸商品と売り方のブラッシュアップ

営業を通じて得た反応などを商品や売り方に反映させて、改善していく。

＊起業には、スピード感が大切。拙速よりも巧遅を恐れよう。

ステップ

❶市場調査

自分の足と目で調査するのが基本。ネットや友人、人脈もフル活用する。

❷集客方法

ターゲットにピンポイントで訴求できる方法を考える。ターゲットは同じで商品が違う他社とタイアップするのもよい。

❸テスト販売

テスト販売をして商品や売り方の改善点を知る。クレームなどが改善の役に立つ。

ジャンプ

❶何を誰に売ったら儲かるか考える

極力、具体的に商売をイメージする。商品は、モノ、サービス以外に知識や技術も視野に入れる。

❷どこでどうやって売るのか

店舗で売るのか、ネットオークションで売るか、対面販売するか、企業に売り込むのかなど。

❸資金はどうするか

利息は最小に。資金不足なら、親、兄弟などからの借金や低利の公的融資を利用する。

サラリーマンは特権階級

会社に勤めていると気づかないが、サラリーマンはじつに手厚く守られている。最大のメリットは毎月一定の収入があることだ。

さらに休日や労働時間が決まっている。起業して個人事業者になると収入は変動し、ゼロの場合もある。休日の確保もままならず、深夜まで働き続けることも稀ではない。

サラリーマンの社会保険は会社が半額負担してくれるし、国民年金+厚生年金と手厚い年金もある。さらに雇用保険があるので、万一失業してもすぐに困るということはない。それに対して個人事業者は、社会保険料をサラリーマンの2倍払わなければならず、国民年金だけで老後の保障も薄い。失業保険などはないので、起業が失敗すればすぐに生活が成り立たなくなる。

サラリーマンは残業すれば手当がつくし、そのほかにも住宅手当や通勤手当などさまざまな手当がある。社宅や保養所などの福利厚生の恩恵が受けられることもある。一方、個人事業者には手当も福利厚生も一切ない。

会社員であれば住宅ローンや車のローンは比較的容易に組むことができる。クレジットカードも作れるし、融資も受けやすい。しかし、個人事業者にとってローンや融資は困難だ。

精神的にも大きな違いがある。サラリーマンには仲間がいる。普段は嫌だと思っている上司でも、契約に成功すると自分のことのように喜んでくれることもあるだろう。同僚と飲み屋で愚痴や夢を語り合うこともできる。自分の失敗は誰かがカバーしてくれるし、後輩の失敗をカバーすれば、会社に貢献できる。

それに反して個人事業者は孤独だ。上司や同僚はいないし、明日収入がゼロになるかもしれないという不安を常に抱えている。人を雇っていれば、その人だけでなく、その人の家族にまで責任を負わなければならなくなる。これは大企業の経営者になってもほとんど変わらないのだ。

では、いつまでサラリーマンでいればいいのだろうか。**目安としては収入ではなく、所得、つまり儲けが1000万円を超えたあたりが分岐点ではないかと思われる。**もちろん、可能なら両立を継続したほうがいいが、事実上、時間的にも精神的にも両立は難しくなるだろうし、ここまでくれば、成功者といってもいい。

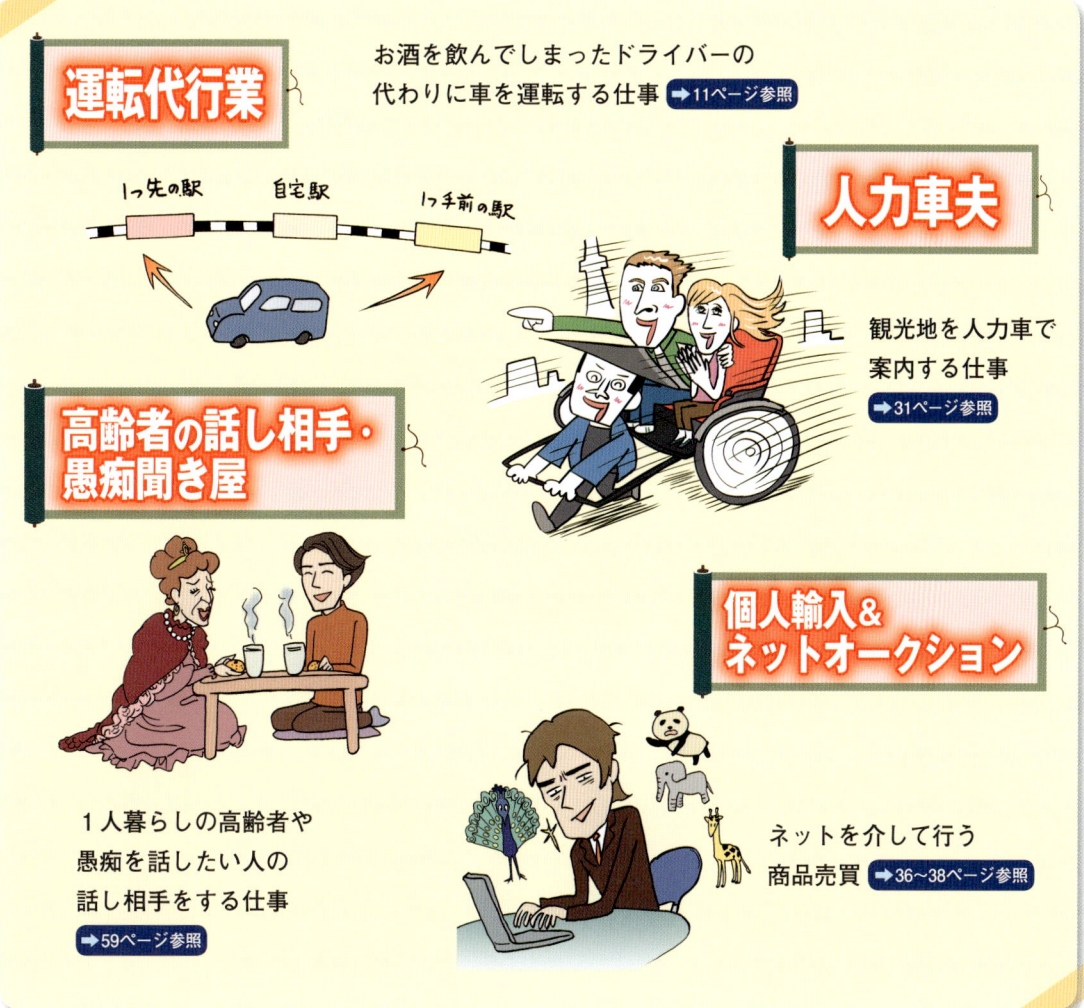

職業ピックアップ

自己資金0《ゼロ》で起業を目指せ！

自己資金ゼロ、あるいはわずかな資金でできる起業には何があるか、またどうやれば成功するかを紹介していく。まず、起業を計画しているあなたを、ごく普通のサラリーマンやOLと仮定して話を進めさせていただく。つまり、働いているのは平日で、午前9：00〜午後5：00ぐらいの勤務時間で、多少の残業もあると仮定する。

そのうえで、土日などを使ってできる週末起業と、平日でも本業に負担をかけることなく夜の時間が有効活用できる仕事に限定し、ケースを考えていこう。仕事の内容は、本書で紹介している仕事の中から、サラリーマンをしながらできる起業に限定し、特別な才能や資格がなくてもできるものを厳選した。

運転代行業

お酒を飲んでしまったドライバーの代わりに車を運転する仕事 ➡11ページ参照

人力車夫

観光地を人力車で案内する仕事

➡31ページ参照

高齢者の話し相手・愚痴聞き屋

1人暮らしの高齢者や愚痴を話したい人の話し相手をする仕事

➡59ページ参照

個人輸入&ネットオークション

ネットを介して行う商品売買 ➡36〜38ページ参照

起業すると国からタダで800万円がもらえる!?

《厚生労働省の助成金制度❶》

地域雇用開発奨励金	雇用機会が特に不足している地域で事業所（会社）を設置・整備し、その地域の求職者を雇った場合、事業所の設置費用などに対し一部を奨励金として支給する制度。金額は事務所の設置・整備費用と雇った人数に応じて増えていく。 一例を挙げると、**会社の設置費用が5000万円以上かかる場合、20人以上の人を雇うとすると、800万円がもらえる**ことになる。この場合、たとえば**雇う人数が２人であっても、120万円がもらえる**。 もっと**大規模な事業で、会社の設置・整備費用が50億円以上かかる場合、200人以上の人を雇うとしたら、なんと２億円ももらえる**のだ。雇う人数が100人以上でも、１億円がもらえる。さまざまな条件はあるが是非知っておきたい。
特定求職者雇用開発助成金 （特定就職困難者雇用開発助成金）	高齢者や母子家庭の母親、障がい者など、働きにくい人たちの雇用を促進するための制度。ハローワーク等の紹介により、彼らを継続して雇用する労働者として雇い入れる事業主を助成する。 **中小企業だと、60歳以上65歳未満の人や母子家庭の母親などを雇う場合は、１年の助成対象期間の間に90万円が支給される**。**障がい者の場合、重度障がい者を雇うと２年で240万円、重度障がい者など以外の身体・知的障がい者ならば１年６カ月で135万円が支給される**。 アルバイトやパートのような短時間労働者でも、60歳以上65歳未満の人や母子家庭の母親などを雇うと１年の助成期間で60万円、障がい者を雇うと１年６カ月で90万円が支給される。 ＊金額や助成期間は中小企業と大企業で異なる。

＊2015年8月現在。詳細は厚生労働省のホームページでご確認ください。

週末起業などが成功したとしよう。これまで個人事業者だったあなたが、株式会社などを設立して事業を本格化する際、条件さえ合えば返却の必要がなく、タダでもらえる助成金がある。それらは国や地方公共団体から支給される。タダなら使わなければ損になる。ここでは、厚生労働省が行っている助成金制度を紹介しよう。ただ、こういった公的な助成金制度は毎年のようにコロコロと変わるので、常にチェックが必要となる。

　上表のような助成金制度は、じつに多くある。国の

《その他の助成金制度❷》

キャリアアップ助成金	これは、短時間労働者（パートなど）や派遣労働者などを正社員（正規雇用）にした場合などに受けることができる、厚生労働省の助成金だ。 例を挙げると中小企業の場合、**契約期間が決まっている契約社員などを正社員にすれば1人について50万円がもらえる**。さらに**母子家庭の母親を正社員に転換した場合、10万円が加算される**。そのほかにも、**一定の条件に沿って健康診断を行うと40万円がもらえる制度**もある。 ＊大企業は中小企業より助成額は少なくなる。
トライアル雇用奨励金	これは、ニートやフリーター、生活保護受給者やホームレスの人、母子家庭の母親や父子家庭の父親など、雇いにくいとされる人たちを一定期間試行雇用するともらえる、厚生労働省の奨励金だ。 **母子家庭の母親や父子家庭の父親の場合は、1カ月に1人5万円、そのほかの人は、4万円が支給される**（条件によっては、一定の計算式から算出された額）。もちろん、試行雇用期間後に雇うことを強制されるものではない。
女性の活躍推進責任者設置奨励金	これは東京都で実施されている制度だ。**「女性の活躍推進責任者」という役職を社内に設置し、「女性の活躍推進人材育成研修」を受けた人をそこに任命した場合、その企業に対して30万円の奨励金が支給される**。ただし、支給後は、この事業や都の実施する女性の活躍推進に関する事業に協力する義務が生じる。 この制度は2015年に新規に開始され、「女性の活躍推進人材育成事業」として実施されている。
青森市がんばる企業応援助成金	たとえば、自分の故郷に帰って起業しようとしている人は、地方公共団体で実施している助成金制度を活用することができる。 青森県青森市では、市内の創業者または中小企業者などが、新商品・新技術・新役務の開発を行おうとする場合、その経費の一部を助成する。2015年度から、試作品等のテスト販売に関わる経費も助成対象となる。 ＊2015年度の募集は終了。 ＊助成額は100万円以内。助成割合は内容により異なる。

＊2015年8月現在。詳細は各ホームページでご確認ください。

制度として、各省庁にもあるし、都道府県、市区町村にもある。さらに各財団法人にもお得な制度が山ほどある。こういった助成金は審査が難しいと思っている人がいるが、ほとんど宣伝していないので知ってる人は少なく、早い者勝ちだ。自分で申請するより、行政書士などの専門家で信用できる事務所に代行してもらうのがさらにいいだろう。**助成金はもらい得になるので、ぜひ活用してほしい。**

儲かっているフランチャイズに便乗する

ビジネス誌・業界誌で流行をキャッチする

起業したいと思っているが何をしたらいいかわからないし、アイデアも出てこない。しかし資金は比較的潤沢にある。こういう人に向いているのが、フランチャイズへの加盟だ。いま儲かっているフランチャイズに便乗すれば、自分で始めるより、成功率も高く、安定した収入が得られる可能性が高い。

ではどのフランチャイズに加盟すべきなのだろうか。まず、**絶対に外せない条件は「はやっていること」だ**。ゲーム店などはオンラインゲームや娯楽の多様化により、廃業が相次いでいる。このような衰退しているフランチャイズに加盟してしまったら、絶望的な状況になる。

どのフランチャイズがはやっているか、見極めるのはなかなか難しい。その企業のフランチャイズ募集を見れば「我が社のフランチャイズは衰退しています」と書かれているはずがないからだ。一番いいのは「プレジデント」「週刊東洋経済」「週刊ダイヤモンド」などのビジネス誌だ。ここから客観情報を得ることができる。図書館へ行けばフランチャイズを特集したバックナンバーを見ることができるし、直接、出版社に問い合わせて購入することもできる。マスコミで取り上げられたフランチャイズも有望だ。

そして、業界紙や業界新聞も大切だ。日本で唯一のフランチャイズ専門誌「FRANJA」では、さまざまな業種の情報が手に入る。また、やりたい業種が決まっていれば、それに該当する業界新聞でも専門的な情報が得られるだろう。

さらに、自分の目で見て「このフランチャイズは新店舗が続々とできているな」と感じたものを調査するのもいい。ただ、はやっているのにフランチャイズ募集に消極的な企業もある。たとえば有名で集客力があるため、直営店を出したほうが儲かると判断した企業は、フランチャイズを一般募集することはない。こういった企業なら、フランチャイズに加盟できれば、儲かる確率が高くなる。まさに狙い目といえるだろう。

フランチャイズで独立開業する費用は……

フランチャイズに加盟して独立開業する場合、どれぐらいの初期費用がかかるのだろうか。それはまさしくピンからキリまで、**100万円以下で開業できるケースもあれば、5000万円以上必要な場合もある。**

100万円以下	◆ハウスクリーニング業 ◆カーシェアリングビジネス ◆便利屋 ◆宅配弁当 など
100万～500万円	◆コンビニエンスストア (店舗を提供してもらう場合) ロイヤリティは条件によって30%から60%超と幅広い
500万円以上	◆ファミレス 店舗数が急上昇している「やよい軒」の場合、すでに実績のある店舗を引き継ぐ形で行われるが、初期費用は820万円ほどになる

＊FC加盟店や条件により費用に差はあります。

フランチャイズ選びのポイント例

❶本部の経営理念が明確であるか

- ☑新しい市場や、技術開発などに熱心か
- ☑環境や安全対策は積極的か
- ☑情報公開・関係者への対応は誠実か

本部のやり方に納得がいかないものがあるなら要再考

❷業種・業態にパワーがあるか

まずは「自分の好きなこと」をしている業種を選ぶ

- ☑本部の業界でのポジションを把握
- ☑成熟している市場にうま味はないので、成長力・将来性をチェック

❸収益性はすぐれているか

儲けが見込めるビジョンを創り出せるか

- ☑投資回収の期間は他社と比較してどうか
- ☑ロイヤリティを抜いた経常利益が十分に確保できるか

❹サポート体制は充実しているか

トレーニングを含め、本部からのサポート体制を見極める

- ☑他店から聞き込みするなどしてサポート体制を確認しよう
- ☑大きな投資を伴うので、十分な準備をサポートしてくれるかよく検討してみる

NPO法人はこんなにお得！

そもそもNPO法人って何？

よく耳にするNPO法人という言葉だが、実際にはどういうものなのだろうか。本格的に起業する場合、個人事業者から法人になることになるが、株式会社にするか、いやいや合資会社や合名会社にする手もあると、どれにするか迷うのではないだろうか。

NPO法人になるとさまざまなメリットがある。まず、税金面での優遇があり、普通の会社に比べて法人税が安くなる。また資金調達がしやすい。さらに公共事業への参加が容易になるメリットがある。そんなわけで、多くの制限があるが、法人組織にする際に、選択肢の1つとすることを検討されてはどうだろうか？

では、実際に「NPO法人」とはどういうものかを見ていこう。**NPOとは、Nonprofit Organizationの略で「非営利団体」を意味している。**NPO法人ができたきっかけは阪神淡路大震災だった。

震災後の支援をするために多くの非営利団体が設立されたが、法人になる壁は厚かった。当時、非営利活動をしている団体が法人になるには、社団法人や財団法人になるしかなかったからだ。そうなるためには条件があり、とてもハードルが高かったのだ。

そこで特定非営利活動促進法ができ、誰でも資金も資本金もなしに設立することができ、認証手数料も登録免許税も免除される非営利団体の法人が誕生したのだ。

NPO法人になる条件は、まず団体の活動目的が特定非営利活動（20の非営利活動）のいずれか1つ以上に該当する必要がある。「保健、医療又は福祉の増進」「学術、文化、芸術又はスポーツの振興」「環境の保全」「子どもの健全育成」「情報化社会の発展」などがあるが、「まちづくりの推進」や「経済活動の活性化」などの分野もあり、ほとんどの活動にあてはまるので、これをクリアするのは難しくない。

次に最低でも10人以上の社員（正会員）と、役員として3人の理事、そして1人の監事が必要となるが、社員（正会員）と役員は兼ねることができるので**全部で10人集めればいい。**この10人を募集する際には、入会資格に制限があってはならないという規定がある。つまり「来るものは拒まず」という姿勢でなくてはならないということだ。

また、NPO法人は宗教活動や政治活動が制限されており、報酬を受けることができる者の数は役員総数の3分の1以下でなくてはならない。逆にいうと、ボランティアの人だけで運営されているように誤解されがちなNPO法人の活動でも、報酬を受け取り生活することは可能なのだ。

《NPO法人のしくみ》

＊1　２以上の都道府県の区域にまたがる場合は内閣府に申請します。
＊2　20分野から、法人で行うものとして選択したものについて活動します。

《NPO法人のメリット＆デメリット》

メリット	**❶国や地方公共団体の公共事業の仕事が得やすい** 特に福祉の分野において、国も地方公共団体も積極的にNPO法人に発注するようになっている。 **❷信用性が高く、仕事がもらいやすい** 一般企業の仕事をする場合であっても、国家が「この法人は信用していい」と保証しているようなものなので信用があり、仕事の受注が容易になる。新しく会社を設立したときは、信用を得て仕事がもらえるようになるために大変な努力と長い時間が必要になるが、それが大幅に軽減できる。 **❸助成金や補助金が得られやすい** 国や地方公共団体は積極的にNPO法人を支援しているので、助成金や補助金が得られやすい。 また、公的金融機関もNPO法人に協力的なので融資も受けやすくなっている。「ろうきんNPO事業サポートローン」や信用金庫や地方公共団体の「NPO向け融資制度」も充実している。 **❹寄付も受けやすい** ＮＰＯ法人への寄付金には、税制上の優遇措置があるため、寄付も受けやすく潤沢な資金を調達することが可能である。
デメリット	**❶利益が出てもそれを構成員に分配することはできない** その利益はどうするかというと、次年度の活動資金として繰り越すことになる。 **❷解散したら、財産は手元に残らない** NPO法人を解散すると、残った財産は国や地方公共団体などのものになってしまう。

特集1 どっちが得か？ こんなに差が出る！

人気副業を徹底比較

それぞれのしくみ

株の取引とＦＸ、いったいどっちが得か。まず株は、株式会社が資金を集めるためのものだ。株の発行で出資を募り、その売上を資金にすることができる。

会社の業績は上下し、株価と連動することが多いので、株価が下がって安いときに買い、株価が上がって高いときに売れば、その差額分だけ儲かることになる。これが株取引で儲けるしくみだ。

次にＦＸの説明をする。簡単にいえば、ＦＸは、外国の通貨を日本円で売買して損益が発生する取引だ。

通貨の価値は日々変動しているが、1ドルが１００円のときに１００円で1ドル買ったとする。その後、1ドルが１０５円になったときに持っている1ドルを売って円にすれば、１０５円になるから5円儲かったことになる。実際には手数料などがあるから5円まるまる儲かるわけではないがＦＸのしくみはこうなる。

では、どちらが儲かるのか。**結論を先にいうと、株取引のプロを除いて、ＦＸのほうがリスクも少なく大きく儲かる可能性がある。**

ＦＸの最大のメリットは自分が出せる資金の最大25倍まで信用取引ができることだ。自己資金が１００万円であっても２５００万円の資金を運用できる。株の売買の場合、信用取引で運用できるのは自己資金の約3倍まで。さらにＦＸは手数料無料の場合が多く、経費となるスプレッドも株取引の手数料より安い。

株式の場合、東証の上場企業だけで３４００社以上もある。これだけあるとどれを買ってどれを売るか迷ってしまう。株価が上下する理由は山ほどあるので、それを理解するだけで大変だ。とても素人が判断できるものではない。

ところがＦＸの場合、どの通貨を買ってどの通貨を

株取引

株式会社の株を、安いときに買って高いときに売る。その差額が自分の利益となる。取引時間は、株式市場が動いている9：00〜11：30 と12：30〜15：00 のみ（東証2015年度）。

F X

FX とは「Foreign Exchange」の略。正式には「外国為替証拠金取引」という。外国の通貨を、安いときに買って高いときに売る。24 時間取引可能で、基本的な選択肢は少なく、素人でもある程度判断できる。

売るかは限られている。基本的なものは3〜5つぐらいの組み合わせしかない。だから素人でも迷わず判断することができるのだ。

さらに株は東証の場合、9：00〜11：30と、12：30〜15：00の間だけしか取引されない。ところがFXは24時間取引が可能になっている。主婦やサラリーマンが副業にするには時間の制約がないことが重要になる。

株取引とFXのリスク

株取引もFXも投資である以上、リスクはある。FXは自己資金の25倍も取引できるため、リスクも大きいのではないかと考えがちだ。だがよく考えてみよう。

株取引の場合、ある会社の株がどんなに下がろうが、日本政府には関係ない。だから政府が何か大きな動きをすることはない。結果、株の場合には大損したり、なかには資金の3倍を失って破産する人も出てくる。

一方、為替相場はどうか。1ドル100円だったものが急激に1ドル90円になってしまったとしよう。そうなると日本経済に大きな影響があるから、政府が（実際には日本銀行が）介入して為替を操作する。そのため為替は変動前に近づいて、FXの投資家はリスクを軽減できる。

100万円を株式に投資し3倍の300万円を運用したケースと、同じ100万円をリスクを考えて18倍の1800万円にしてFXで運用したケースで、どちらも1カ月後7％の利益が出たとする。すると株では月収21万円しか儲からないが、FXでは月収126万円になる。利益でいえば**軍配はFXに上がるだろう**。ただしどちらを選ぶにせよ、自己責任で取引をしていただきたい。

アドセンス VS. アフィリエイト

インターネットで稼ぐ方法にアドセンスとアフィリエイトがある。どう違うのか、またどちらが儲かるのか見てみよう。

まず、アフィリエイトは、あなたが運営するサイトやブログに広告主のリンクをはり、閲覧者がそのリンクから広告主のWebへ飛べるようにする。そして広告主の商品やサービスを購入したときに報酬が発生するしくみだ。だから自分のサイトやブログにどんな広告主のリンクをはったら商品が売れるかを考えたり、場合によっては商品が売れるようにサイトやブログを書く必要が生じる。

報酬額は取引先の会社や商品によってまったく違う。非常に高率の場合もあるし、少ない場合もあるので何%が収入になるとは一概にいえないが、数%から十数%あたりであることが多いようだ。楽天アフィリエイトの場合、成果報酬の料率は1・1%からと少ないが、原則1カ月有効なので成功率は高くなる。

一方、アドセンスというのは、グーグルがサイト運営者に対して提供している広告サービスのことだ。サイトを訪れた人がその広告をクリックするだけでサイト運営者に手数料が入るシステムだ。いくらになるかは、広告主によってさまざまだ。

このサービスの利点は、サイトのコンテンツ内容に関連する広告を自動配信することだ。コンテンツ内容と、そこに表示される広告の内容を連動させることで、サイトを閲覧している人がもともと興味を持っている分野の広告を表示することができ、閲覧者の広告クリック率をアップさせる効果が期待できる。

アドセンスは広告を自動配信してくれるので、自分のサイトやブログ内容にどんな広告がいいのかなど考える必要がない。その点は非常に楽で、**専門的知識は不要だといえる。**

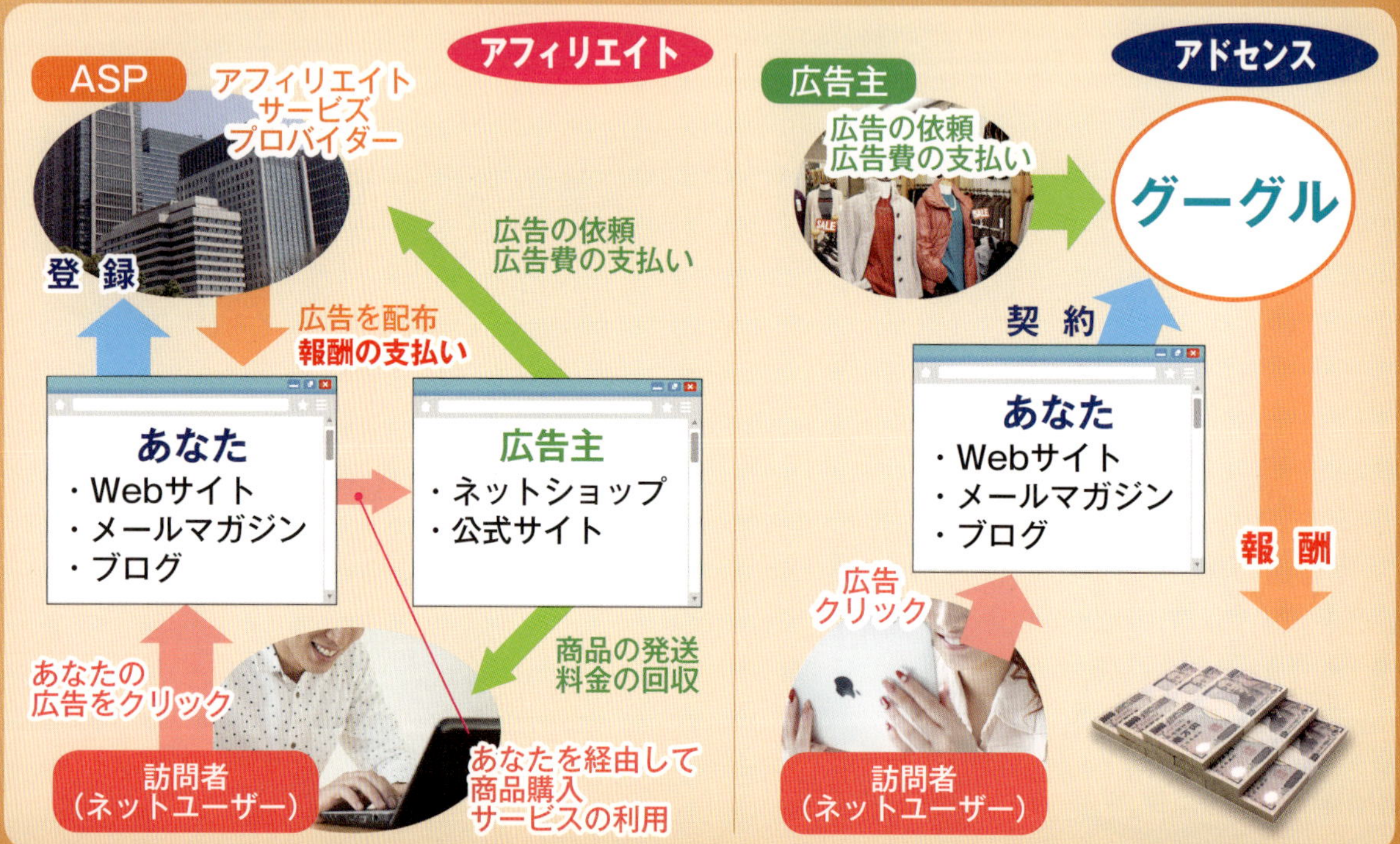

アドセンスとアフィリエイトの戦略の違い

	アドセンス	アフィリエイト
報酬発生	誰かが広告をクリックしただけで収入が発生	誰かが何かの会員登録をする、資料請求をする、何かを買うといったアクションがない限りお金は入ってこない
アカウントの取得の難易度	審査があるが、携帯サイトの審査はデザイン性やレイアウトをあまり問わないため、比較的簡単である	かなり簡単。たいてい、簡単なホームページでも審査は通る
稼ぐためには	あなたが自由に作りたい内容、書きたい内容を作れば、自動的にその内容にあった広告をセレクトし自動配信してくれる。 自分のサイトやブログを面白くし、訪問者の数を高め、広告クリック数を増やす	自分のサイトやブログが商品購入に結びつくような工夫をしなければならない

実際に調べてみると、**アフィリエイトをしている人で、月に1万円以上稼いでいる人の割合は3～5％程度しかいない。**たしかにアフィリエイトで1億円以上稼ぐ人はいるが、それには並はずれた努力や工夫、知識や技術が必要で、さらに宝くじに当たるほどの幸運がなければ成功しないのだ。それに比べてアドセンスは、アドセンスを自分のサイトにはりつけておくだけでいい。

ブログやサイトを開設する目的で選ぶ！

このようなことから考えて、アドセンスにするかアフィリエイトにするかは、ブログやサイトを開設する目的で選ぶといいといえるだろう。

趣味でブログやサイトを開設し、自分がやりたいことを自由にやりたい人はアドセンスにするほうがいい。収入は副次的なおまけのようなもので月数千円の稼ぎでも儲けものと考えられる人がやるべきものだ。

それに対してアフィリエイトは、「これで儲ける」「一攫千金を目指す」という明確な目標を持ち、そのためにブログやサイトを工夫して作るという戦略的な態度が大切になる。どちらが得というより、趣味と実益、どちらを重視するかが選択のポイントになる。

せどりVS.ネットオークション

そもそも"せどり"って何？

せどりは本の「せ」で位置を判断し、棚から「とる」、つまり一般的に古本屋で安く買ってきた本を買値より高い値段で売ることでその差額を利益とする商売を指す。ここでいう古本屋というのは**主に「ブックオフ」のことだ。**

　ブックオフは買い取り金額に応じて値段をつけて売っている。つまり、従来の古本屋が本の内容や発行部数、希少価値性や需要などを勘案して金額を査定するのに比べて、そういう要素は一切考慮しないで、買い取り金額、ひいては売値を決めているのだ。ここにブックオフに掘り出し物が存在する理由がある。

　せどりで稼ぐ人たちを「せどらー」と呼ぶこともあるが、彼らは１００円の本のコーナーへ行き、スマホや携帯電話を使ってアマゾンで相場を検索できるサイトに繋ぐ。その場で相場をチェックして高く売れそうな本を次々とカゴに入れていく。

　カゴ一杯に買っても、金額は１００円均一なので５０００円ぐらいにしかならない。その本を持ち帰って、アマゾンに出品する。本が売れるとメールがくるので、買ってくれた人の住所に本を梱包して発送すれば、集金はアマゾンがやってくれる。

　50冊も売ると2万～3万円の収入になる。本に対して「目利き」などはまったく必要でなく、「ブックオフでの仕入れ→アマゾンへの出品→お客様への発送」を機械的に繰り返すだけで稼げる副業だ。

　せどり専用のアプリやツールが出ているので、以前より簡単に、誰でも稼ぐことができるようになった。せどりは人気副業だ。書籍の裏のＩＳＢＮコードでアマゾンの平均取引価格を調べることもでき、これをコツコツ実行すれば、サラリーマンやＯＬの副業として月10万円程度を稼ぐのは難しいことではない。

　さらに上級者になると、アマゾンではなくヤフオク！で売るようになる。オークションなら上限がないので、1冊１００円で買った本が1万円で売れることもある。しかし、こういうレベルになるためにはやはり「目利き」が必要になってくる。

	一般的な古本屋	ブックオフ
買い取り	本の内容や価値、需要などを考慮して買い取り金額を査定	ジャンルと本の新しさ、保存状態を主に見て買い取り金額を査定
売値	価値の高い本は高く売られていることが多い	価値の高い本が安く売られている場合がある

せどり

ブックオフなどで安く買った本をアマゾンなどで高く売る

1件ごとの儲けは小さくても確実性は高く、大きく損をするリスクは低い。

ネットオークション

一般的には、海外の商品をネット通販などで安く買い、ネットオークションで高く売る。知識が豊富で、流行や今後の需要に詳しい分野があれば、大きく稼げる可能性があるが、読みが外れた場合、売れずに在庫を抱えるリスクが生じてしまう。

ネットオークションのリスク

ネットオークションで稼ぐ場合も原理は同じだ。ただ日本国内では、同じ商品に価格差はあまりないので商売にはなりにくい。漫画に詳しくて同人誌を売買する知識があったり、自作のイラストや特別な情報商材がある場合は、大きく稼げる可能性がある。

しかし、そういった専門知識のない人は、それができないので、日本では売られていないような商品をネット通販で買いつけてネットオークションで売る仕事が一般的になる。したがって個人（小口）輸入が主体となることが多い。

すでにヒットして売れている商品だと、競合相手が多いのでうま味はない。一方、あなたが初めて日本に輸入し販売する場合、売れれば利益になるが、売れなかった場合、在庫を抱えるリスクを背負うことになりかねない。

あなたが何かの分野で高い知識を持ち、何が売れるか強い自信があるのなら勝負するのもいいかもしれないが、一種のギャンブルになる可能性もある。

せどりに軍配!!

以上のようなことを考えると、着実に「金を稼ぐ」ことを目的とするなら、**「せどり」に軍配が上がるだろう。**内職の封筒貼りではないが、機械的な作業で仕事をこなせばこなすだけ、収入になる。**リスクを背負って一度失敗すると、副業することまで嫌気がさしてしまうことも多い。副業は続けることが大切なのだ。**

たしかに個人輸入したものが大ヒットして、大儲けできる可能性もゼロではない。自分の勘や嗜好を信じてチャレンジするのも悪くないかもしれないが、夢ばかり追っていては副業は続かないということも念頭においていてほしいものだ。

生 しぶとく生き抜く！サバイブ講座

特集2

体力なし、根性なし、ギリギリでも大丈夫！

人生には波がある。どん底に陥ってしまったときには、どうしたら這い上がれるのだろうか。この特集では、そんな境遇にある人、あるいはそうなってしまったときの対処方法を、実例を交えて見てみよう。体力も気力もない。根性も才能もない。たとえそうであっても心配はいらない。しぶとく生き抜くためのテクニックをお伝えする。

失業してしまったら……

いまや絶対に安全な企業などないし、一時の感情から「辞めてやる！」と会社に辞表を叩きつけてしまうことだってあるだろう。が、再就職は困難をきわめ、貯金もなくて生活できない。

こんなときに頼りになるのが**雇用保険（失業保険）だ**。失業したらまず、自分が住んでいる地域のハローワークに直行し、雇用保険受給の手続きを取ろう。

雇用保険とは、いままで支払っていた雇用保険料を、失業したときに支給してもらう制度だ。会社員は毎月、給料＋通勤費の0・5％を納めている。これを返してもらうだけなので、堂々と要求しよう。

ハローワークでは、求職申込書に必要事項を記入して提出する。これは働く意思の表示だ。**働こうという気持ちがないと雇用保険の失業給付金はもらえない。**

また、手続きには離職票などが必要になる。何が必要か事前に確認しておこう。

自分から会社を辞めた場合、だいたい3カ月半以上給付金をもらえない期間ができてしまう。すぐ給付金をもらいたいなら、会社都合の解雇にしてもらう必要がある。会社都合の解雇なら平均5週間程度で受給できる。次の就職などに影響は多大ではない。安心して会社都合にしてもらおう。

失業・ニートからの大復活を果たす

雇用保険の給付金がもらえる条件は、自己都合退職の場合、原則**2年間に通算12カ月以上雇用保険に入っていること**だ。ただし、倒産やリストラなど会社都合で失業した場合は、1年間に被保険者期間が通算6カ月以上あればいいことになっている。条件はあるが、半年、あるいは1年以上普通に働いていれば給付金がもらえる。極端な話、半年働いてリストラされ、給付金をもらって生活し、就職して半年で再度リストラにあい、また給付金をもらうということもありうる。

では、いくらもらえるのだろうか。**離職した日の直前の6カ月の給料（基本給、住宅手当、残業手当などの手当金）＋通勤手当の合計（ボーナスや退職金などを除く）を180で割って算出した金額が日当となり、原則その日当の約50％から80％が支給される。だいたい6割が目安となる。**さらに支給される期間は年齢と雇用保険に入っていた被保険者期間によって決められる。

ハローワークではさらに、教育訓練給付という制度がある。教育訓練（職業訓練）を受ければ、訓練経費の一部をもらえるのだ。また、労働金庫から月額5万円、配偶者、子または父母がいる場合は10万円まで借りることができる。こ

雇用保険の失業給付（基本手当）の所定給付日数表

《自己都合・定年退職などにより離職した者の場合》

区分＼被保険者であった期間	1年未満	1年以上5年未満	5年以上10年未満	10年以上20年未満	20年以上
全年齢	—	90日		120日	150日

《倒産・解雇などにより離職を余儀なくされた者の場合》

区分＼被保険者であった期間	1年未満	1年以上5年未満	5年以上10年未満	10年以上20年未満	20年以上
30歳未満	90日	90日	120日	180日	—
30歳以上35歳未満		90日	180日	210日	240日
35歳以上45歳未満				240日	270日
45歳以上60歳未満		180日	240日	270日	330日
60歳以上65歳未満		150日	180日	210日	240日

＊詳細はハローワークのホームページでご確認ください。

離職から失業給付金をもらうまで

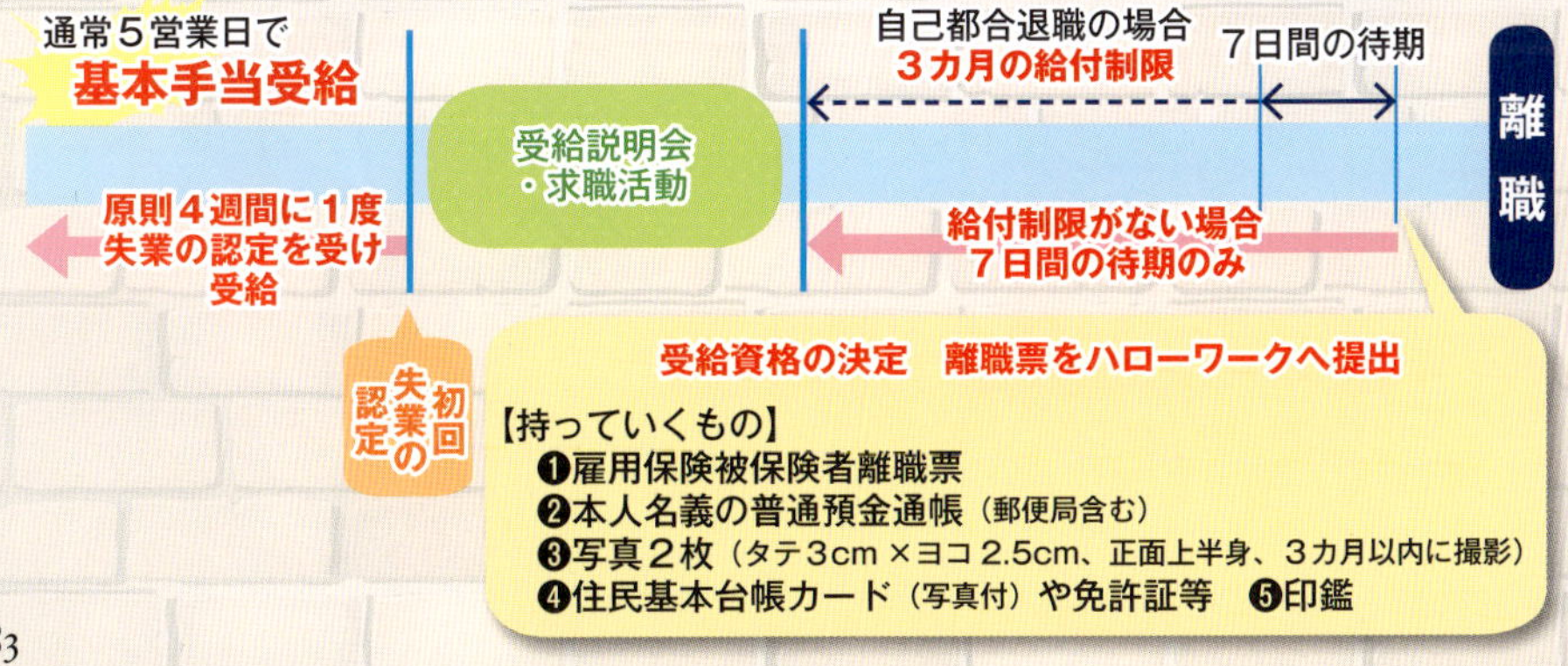

のほかにも失業者を支援する活動は多くあるので、これらの制度を積極的に活用しよう。詳細はハローワークのホームページで確認してほしい。

大きな借金をかかえてしまった

個人の努力でどうにもならない場合は、**自己破産する方法がある。**

裁判所で支払いが不可能であると認められ、免責が許可されると、税金・重過失の交通事故の損害賠償などを除くすべての借金を支払わなくてもよくなる。よく自己破産すると通常の社会生活に戻れないのではないかとか、ダメ人間のレッテルを貼られてしまうのではないかと悩んで決断できない人がいるが、**自己破産は国が人生をやり直すチャンスを与えてくれる制度なのだ。**このチャンスを生かし復活し、また社会に貢献できる人間になればいい。

では自己破産すると具体的にはどうなるのだろう。家など持っている資産があれば、処分されて借金の返済にあてられるが、たとえば自動車などを所有していても、古くてあまり価値がない場合などは所有したままでいることもできる。預貯金も全額が没収されるのではなく、20万円以下の預貯金は確保できる。そのほかにも裁判所によって基準を超えない財産は残すことができるので、身ぐるみをはがされるわけではない。

また、自己破産後の収入に対しては、返還を要求されることもなく、保証人などになっていない限り家族に影響することもない。**通常、会社に知られずに自己破産することもできる。**

法的にはギャンブルや浪費で大きな借金をした場合、自己破産が認められないといわれるが、裁判所の裁量で認められることもある。

自己破産するデメリット例

❶ 持っている財産が処分されてしまう

マイホームなどは競売にかけられて強制的に売られてしまう。そのほか、価値のあるものも処分される。しかし、**賃貸契約の場合は原則そのまま住むことができる**。

❷ ブラックリストに載り、通常約５～10年間は借金ができなくなる

住宅ローンも車のローンも組むことができないし、クレジットカードを作ることもできない。しかし**銀行口座は作ることができる**。

❸ 住所・氏名が「官報」に記載されてしまう

官報を見た人には**自己破産がバレてしまう**ということだ。しかし、官報を毎回読んでいる人など聞いたことがないので、影響はほとんどないといっていいだろう。

生活保護の基本的な算出方法

生活保護費 ＝ 扶助 ＋ 加算額 ＋ 一時扶助

扶助：医療、生活、住宅などに必要なもの

加算額：個別の条件により加算されるもの

一時扶助：一時的な必要のために支給されるもの

生活保護でもらえる金額

＊都道府県、条件により異なります。

一文なしになってしまった

憲法第25条にも明記されているように、国民には「健康で文化的な最低限度の生活」を営む権利がある。そのための最後の手段が、生活保護だ。いままで国や地方公共団体に納税してきたあなたには、生活保護を受給し、自立を助けてもらう資格がある。

生活保護は「できることはしてもらい、それでも生活できないときに」はじめて支給される。「できること」とは、❶能力の活用「働ける人には働いてもらう」、❷資産の活用「お金になるものは売却等してもらう」、❸扶養義務者の扶養「援助してもらえる身内がいるなら援助を受ける」などだ。これらの手段によっても最低限の生活水準に満たない場合に、生活保護を受けることができる。

支給を判断するのは、福祉事務所だ。ケースワーカーが世帯に訪問調査を行う。最近は経費節減のために審査が厳しくなっていて、生活保護を受けられずに餓死するケースも出てきている。門前払いや冷たい対応も稀ではない。

そういった場合はあきらめずに、役場にある生活保護の相談窓口や法律家などに相談するのがいい。弁護士などの支援があると、驚くほどスムーズにことが運ぶ場合がある。

そのほか、職を失った結果としてホームレスになってしまう可能性もある。ひとたびホームレスになると社会復帰が難しい。住所がないのでまともな働き口がなくなるからだ。そのときは、各地域にあるホームレス自立支援施設に相談しよう。

ホームレスが実例集 年商120億円の社長に！

FILE 1

Aさんの場合

ちょっとしたきっかけ

Aさんは鹿児島県の出身だ。1965年に高校を卒業したあと、大阪で働いていたが、両親が他界したことをきっかけに地元に戻り、繊維工場で働くようになった。しかし、3年後にはその工場がつぶれてしまった。

それからAさんは20代で起業した。その業種は30種類以上になる。電器店や食堂やソーラー会社などを立ち上げたものの、ことごとく失敗し、倒産や廃業を余儀なくされた。

再起を目指して東京へ行こうとしたAさんだったが、途中でお金が尽きてしまい、浜松でホームレス生活となる。36歳のときだった。

そのホームレス生活の中でAさんは、町のゴミ捨て場にまだ使える電気製品や家具が捨てられていることに気づいた。それを修理してホームレス仲間に売ったところ、たいへん喜ばれただけでなく、Aさんの懐も少しずつ潤っていった。このことをきっかけに、Aさんはリサイクルショップを始める。この仕事は大成功し、なんと全国展開するまでになった。その後、Aさんのリサイクルショップは、年商120億円の企業にまで発展した。

FILE ❷

Bさんの場合

大胆な発想の転換

Bさんは石油会社に勤めるサラリーマンだったが、要介護認定の居住者が多い地域を調べ、そこを拠点にして訪問介護ビジネスを起業した。顧客獲得は順調に進んだが、介護スタッフが不足し、サービス供給が滞る事態となってしまった。

スタッフが足りなければ新規顧客を獲得することはできない。そのため、売上が落ち込んだ。すると求人広告にお金をかけることができなくなる。だから、ますますスタッフ不足になる、という悪循環に陥った。

この負のスパイラルに気づいたBさんは、思い切って求人広告に投資した。その結果、悪循環は断ち切られ、起業から3年目には利用客は200人を超え、スタッフも正社員とパートを合わせて100人近くなった。商圏も広がり、4年目の現在では、売上2億円を見込めるまでに成長した。

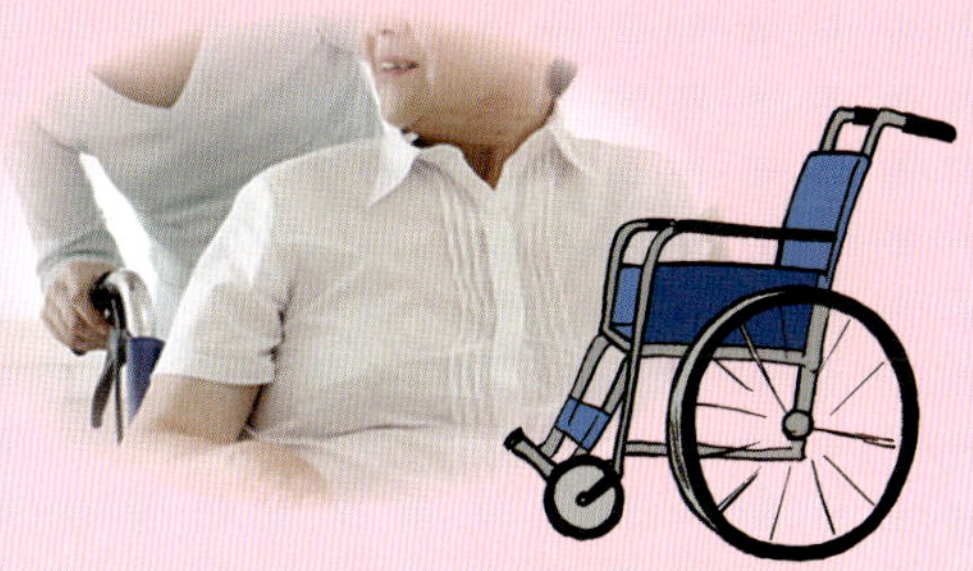

FILE ❸

Cさんの場合

圧倒的分析力

Cさんは20歳のときに、株式投資をテーマにしたテレビドラマに触発されて、株式投資を始めた。

Cさんによれば、株式投資を始めた当初はデイトレードなどの短期売買が中心だったという。しかし、2009年に資産が5000万円を超えると、投資方法が変化した。中小型株の中長期投資を中心にし出したのだ。

Cさんのやり方は、決算書などを詳細に分析して予測することだった。その後Cさんは、数カ月で株価が2～10倍になるような銘柄をいくつも発掘していった。わずかな元手を7年半で2000倍、20億円にしたという。いまではCさんは、カリスマの投資家と呼ばれている。

FILE ❹

Dさんの場合

地に足ついた行動

Dさんはごく普通の主婦だった。貯金はなかったので、夫から借りた75万円が資金となった。Dさんは主婦業のかたわら、1日数時間だけ株式投資を始めた。

方法は1日で株を売り買いし、差額で儲けるデイトレードが中心だった。彼女はなるべく生活実感のある株を中心に売買し、コツコツと着実に成果をあげた。その結果、半年で75万円を2倍の150万円に増やすことができた。

87

ニートが稼いだ 抜け穴テクニック

地球に70億以上の人がいるように、仕事も星の数ほど存在する。世の中には一般的な副業・起業とは、一味違う方法で糊口をしのぐ人もたくさんいるのだ。なかには、抜け道的なものも存在する。この特集は決して推奨するわけではないが、世界に数多あるお仕事情報の1つとして紹介しておく。リスクがあることはお忘れなく！

Eさんは32歳。ニート歴10年以上のベテランニートだった。運動も力仕事も嫌いで、体力は全然ない。勉強も大嫌いで高校は2年生のときに中退し、親の仕送りで生活している。ときどきアルバイトに行くが、すぐにクビになり、1週間も続かない。人付き合いが苦手でわずらわしかったし、よく職場を放棄した。

そんなEさんが、1年前からやっている仕事がある。「体力も根性もまったく必要ない。わずらわしい人間関係もない。まさしく僕の天職だ」という。彼は1日にほんの1時間程度パソコンに向かうだけで、ひと月15万円ほど稼いでいるのだ。そんな都合のいい仕事があるのだろうか。

海外、特に欧米では、スポーツの勝敗にお金を賭ける文化が根づいている。オリンピックやサッカーのW杯のような一大イベントのときも、賭け率を決めて顧客に賭けさせ、配当を行うブックメーカーという賭け屋が存在する。その数は3000を超えるという。

サッカーや野球、バスケットボール、ゴルフ、テニスなどが賭けの対象になっているため、賭けはほぼ毎日行われている。もちろん合法だ。提示される賭け率は、同じ試合であってもブックメーカーによって違う。まさにここにこそ、儲かる秘密があるのだ。

たとえばアメリカのメジャーリーグで、ヤンキース対レッドソックスの試合があったとする。Aというブックメーカーはヤンキースの勝ちに2・1倍、レッドソックスの勝ちに1・8倍の配当をしたとしよう。一方Bというブックメーカーはヤンキースの勝ちに1・9倍、レッドソックスの勝ちに2・2倍の配当をした。すると面白いことに、Aではヤンキースに賭け、Bではレッドソックスに同額を賭ければ、どちらが勝っても儲かるのだ。

このような組み合わせを教えてくれて、いわれた通りにパソコンで入力するだけで稼ぐことができるサービスを配信してくれるところがある。もちろん、儲けの率はわずかだし、手数料などがかかるから資金が必要になるが、Eさんは親から借りたお金を資金とし、このシステムを海外のサーバーに設置して儲けていたのだった。

なお、日本では海外ブックメーカーの利用は法整備されておらず、明文化されていない。いまのところ合法・違法の確証はない状態だ。こうしたシステムの設置・利用も同様だ。このことは念頭においておこう。

知らなきゃマズい!!
法律知識

副業・起業はもちろん、なんでもアリではない。日本の法律で定められたルールを遵守しなければならない。ここでは、副業・起業で知っておかないとマズい法律知識を、簡単に紹介しておこう。思わぬトラブルに巻き込まれないためにも、該当する項目は、各自で詳しく調べてほしい。

法律／制度	内　容	関係する業種
特定商取引法	消費者が不当な不利益をこうむらないように、事業者の守るべきルールなどを定める	ネットショップ、ネットオークションでの商品販売　など
景品表示法	商品の実態に合わない表示や、過大な景品の提供を禁止	ネットショップなどでの商品販売　など
古物商許可	新品として市販されるモノ以外の「古物」を事業として取扱うには、許可を得なければならない	ネットショップなどでの中古品販売
医薬品医療機器等法	医療などに関する商品の品質、有効性および安全性を確保するための規制	医薬品、医療機器、化粧品などの販売　など
通信販売 酒類小売業免許	一定の条件のもとに、通信販売で酒類を小売りするとき、この免許が必要	ネットショップなどでの酒の販売　など
消費者契約法	消費者の利益を守るため、不当な勧誘行為と不当な契約条項を禁止	消費者と売買などの契約を交わすあらゆる事業　など
クーリングオフ制度	一定期間内であれば、消費者側から一方的に、無条件で契約を解除できる制度	インターネットなどを用いない販売事業　など
PL（製造物責任）法	商品の欠陥によって消費者がこうむった損害は、製造者が弁償しなければならない	手作り品の販売や個人輸入業　など
金融商品取引法／ 金融商品販売法	一般投資家の利益を守るため、業者が一般投資家と金融商品の取引をする際のルールを定める	株式やＦＸなどへの投資　など
著作権法	創作者が著作物（イラスト、画像、音楽、映像、文章など）に対して持つ知的財産権を保護	商品販売のためのウェブサイトや、アフィリエイトのためのブログの運営　など
個人情報保護法	生存する特定の個人を識別できる情報について、取扱いのルールを定める	顧客の個人情報をデータベース化して利用するあらゆる事業
不正競争防止法	事業者の間での競争がフェアな形で行われるよう、不正競争行為を取り締まる	特に、本業から得た営業秘密などを副業で利用することは禁じられている
労働基準法／ パートタイム労働法	労働者の労働内容や賃金など、労働条件に関する最低限の基準	パートタイマーやアルバイトの副業、労働者を雇用する起業　など
家内労働法	自宅で物品を製造・加工する家内労働者の利益のため、メーカーなど委託者の義務を定める	手作業の内職、内職の委託　など

特集3 注目!! おススメ副業ランキング

＊順位は総合的に判断し、おススメ度が高い順にランキングした。

1位 遊休地リサーチャー

空き地を探すだけで報酬100万円も!?

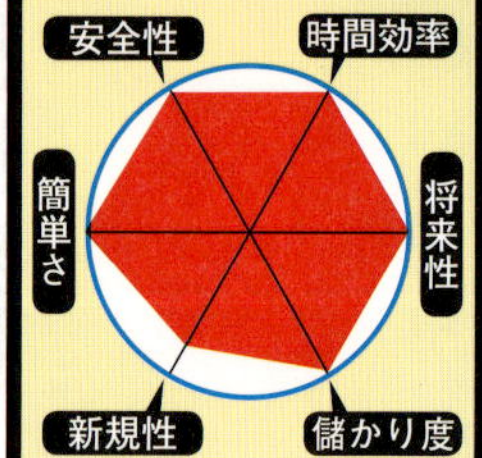

土地勘のある人におススメ

遊んでいる空き地などを見つけ自動販売機設置業者や駐車場オーナーに情報提供し、契約が結ばれると紹介料を得られるのが「遊休地リサーチャー」だ。

自動販売機の場合、30センチの奥行きがあれば置くことができ、報酬は1台について1万〜10万円になる。もちろん、多額の売上が見込める繁華街や都心のほうが報酬が高くなるが、空き地が少ない、競合が多いなどデメリットも多いので、郊外や田舎をリサーチする人も多い。

　足で稼ぐタイプの外回りの仕事である営業マンや不動産会社の社員、セールスマンが担当地域を回る合間に探すと、まさに一石二鳥、本業のかたわら副業で稼ぐこともできる。

　空き地を見つけたら、その土地所有者を近所の人や、法務局に問い合わせるなどして探し、自動販売機設置業者と話し合いをする段取りをつけるまでが仕事。この仕事は契約が成立しないと報酬がもらえないので、**営業力・コミュニケーション力があったほうが有利だ。**また自動販売機設置によってどのぐらいの利益が出るかなどの基礎的知識もあったほうがいい。

　地主はこう口説こう。すべてメーカー任せにした場合は、5000円から6000円の電気代だけを支払ってあとは放っておけばいい。手数料は15%ほどが相場なので、120円の飲料が月500本売れると、電気代を差し引いて3000円から4000円の儲けになる。狭くて使い道のない土地であっても、何もしないでそれだけの利益が生み出されるのだ。

自動販売機が置けるスペースを見つけたら

何もしなくても
儲けになりますよ
設置してみませんか？
❷地主を見つけ出し
交渉を行う
❶空き地を見つける
自動販売機は、
30センチあれば
設置できる
30cm

成約で100万円の駐車場リサーチャー

駐車場に適した遊休地を探す副業もある。売り先は駐車場を運営している不動産会社などだ。土地の大きさにもよるが、**成約すると1件について10万円から100万円にもなる。**基本は自販機の設置と変わらないが、ただ広い土地が必要になる。

このような遊休地を有効活用する商売はほかにもいろいろと考えられる。土地を持った高齢者は、財産を子孫に残したいのに、相続税を納税しなくてはならず、ケースによっては、相続税を支払うために先祖伝来の土地を売るはめになったりする。

しかし、それを避けるには、財産と同等の返済可能な借金をすればいいのだ。1億円の土地を持っている人が1億円の借金をすれば、財産は、プラスマイナスゼロになる。そして、借りた1億円を使って土地を有効活用する方法を考えればいいのだ。

そういったことを土地所有者に提案し、その土地を利用したい企業と結びつければ、その報酬は駐車場契約の比ではない。まさに一攫千金だ。

実際にこんな例があった。ある大手の塾が新しい教室を建てる土地を探していた。そこで仲介する人が間に入って、土地所有者に土地を担保にしてお金を借りさせ、そのお金で塾の建物を建てさせた。そしてそれを塾に賃貸で貸したのだ。結果、塾は自分の理想とする建物を家賃を払うだけで使用することができ、土地所有者は相続税が0円になっただけでなく、借金の利息の数十倍の家賃収入を得ることができたのだ。仲介者は両者に感謝され、大金を手にできた。このように空き地は工夫次第で宝の山になる。

儲かり度解析　File 01

収入	1台 1万～10万円程度（自動販売機）
時間	24H
メリット	副業に相当適している
デメリット	契約が成立しないとタダ働き
能力・資格	その土地に精通している
一言	都心では競合も多いので注意

駐車場の場合は100万円以上も!?

2位 自転車メッセンジャー

自転車1台あれば、資金0円で起業できる!!

サイクリングがてら配達!

自転車メッセンジャーは、自転車を使って信書や荷物を配達する仕事だ。企業間での配達が主で、東京や大阪、名古屋や横浜、福岡などの都市部を中心に活動している。自転車という性質上、5キロないし10キロ圏内を営業エリアとすることが多い。

バイク便と競合するが、利用者にとってそれぞれメリットとデメリットがある。次のページにまとめたので、よく確認して副業・起業選びの参考にしてほしい。

この仕事は1980年代に欧米で拡大し、日本では1990年頃から出始めた。配達するものは、書類、原稿、写真などだ。インターネットの発達によって衰退も懸念されたが、電子化できなかったり、電子化すると再現ができないものがあり、ニーズは変わらずある。逆に、ネットで送信するとセキュリティに問題が発生することもあるので、新たな需要も増えている。

この仕事の魅力はまず、普通のバイトと比べて高収入であることだ。時給や日給のところもあるが、完全歩合制であることが多い。報酬は売上額の40%〜60%と開きがある。歩合制の場合、道や要領を知れば知るほど効率が上がり、やればやるだけ稼げるのだ。**一例を挙げると、月20日間働くと35万円以上、月15日だと22万〜23万円になる会社もある。**

研修制度は充実している企業が多く、その間は、歩合ではなく日給で保証してくれることもあったり、道に迷ったときは携帯電話やGPSでサポートしてくれるので、安心して働くことができる。

ただこの仕事、企業間が中心なので、勤務時間は企業が稼働している平日の時間帯が多い。平日9：00〜5：00で働くサラリーマンの副業としてやるには、あまり働く時間がとれないのが難点だ。

利用者にとってのメリット／デメリット

メリット	❶バイク便より料金設定が安い 業者によって差はあるものの最初の１キロメートルが1000円程度であることが多い。そしてキロ数が増すごとに数百円ずつ上乗せされていく。 ❷渋滞につかまることがない 渋滞や一方通行などの交通規制の中では、車やバイクよりも配達に要する時間を短縮でき、自転車のほうが早く着くこともある。 ❸届け先からのイメージがよい 自転車はガソリンを消費せず、排気ガスも出さないエコな乗り物だ。自転車便を使う理由を届け先に伝えると、企業イメージもよくなる。
デメリット	❶運ぶことができる距離が短い 四輪や鉄道はもちろん、バイク便と比べても、近距離の運送しかできない。 ❷運ぶことができる量が少ない バックパックやメッセンジャーバックが主な運搬用具のため、バイク便と比較しても、一度に運べる量には限界がある。

高額収入以外の魅力

まず、体が鍛えられ、ダイエットできることだ。出始めたお腹が気になってスポーツジム通いし、高い料金を支払ってエアロバイクでダイエットにいそしむ人にはおススメの仕事だ。ジムへ行く出費はなくなり、ダイエットできて収入ができるのだ。

また、自転車メッセンジャーは映画やドラマなどで数多く取り上げられ、オシャレな職業としても注目されている。競技用自転車のトラックレーサーにまたがり、ブランド物のメッセンジャーバッグを肩にかけた姿は男女ともにカッコよく、一般の人向けのファッションとしても人気がある。

さらに、独立起業も考えることができる。自転車1台あれば資金ゼロでも始められるのでリスクが少なく、ノウハウさえわかってしまえば、難しい要素はほとんどない。大都市で営業するのが最も確実だが、競合が多く飽和状態になっている地域もある。そういったところを回避して隙間を埋めることができれば、成功を手にできる可能性は高まる。

地方都市に進出するのも一案だ。ただ、この場合、仕事を企業間の配達に限定するのではなく、視野を広げる必要があるかもしれない。宅配便を競合相手と考えてターゲットにするのもいいだろう。宅配便の値段設定を研究するのだ。

たとえば、ある商店が個人宅へ商品を配達するような場合、そのために配達員を雇ったり宅配便を使ったりすると、経費がかさむことがある。そういった商店との仕事を開拓していけたとしたら、事業として成り立つ可能性がある。事前に十分な市場調査をすれば、失敗のリスクはますます少なくなる。

儲かり度解析 File 02

収入	月収35万円以上
時間	朝〜夕方がメイン
メリット	高収入で独立向き
デメリット	体力的につらい。時間に追われる
能力・資格	体力／地理に詳しい
一言	身体づくりもでき、一石二鳥

3位

治験モニター

じつは安全、4日で60万円も!

治験モニターとは?

発売直前の新薬、化粧品、食品などで、認可を得るため、効果や安全性を測定するテストを、身をもって受ける仕事だ。治験モニターの半分ぐらいは健康食品、サプリメントで、危険性はほとんどないが、その場合、報酬も高額ではない。

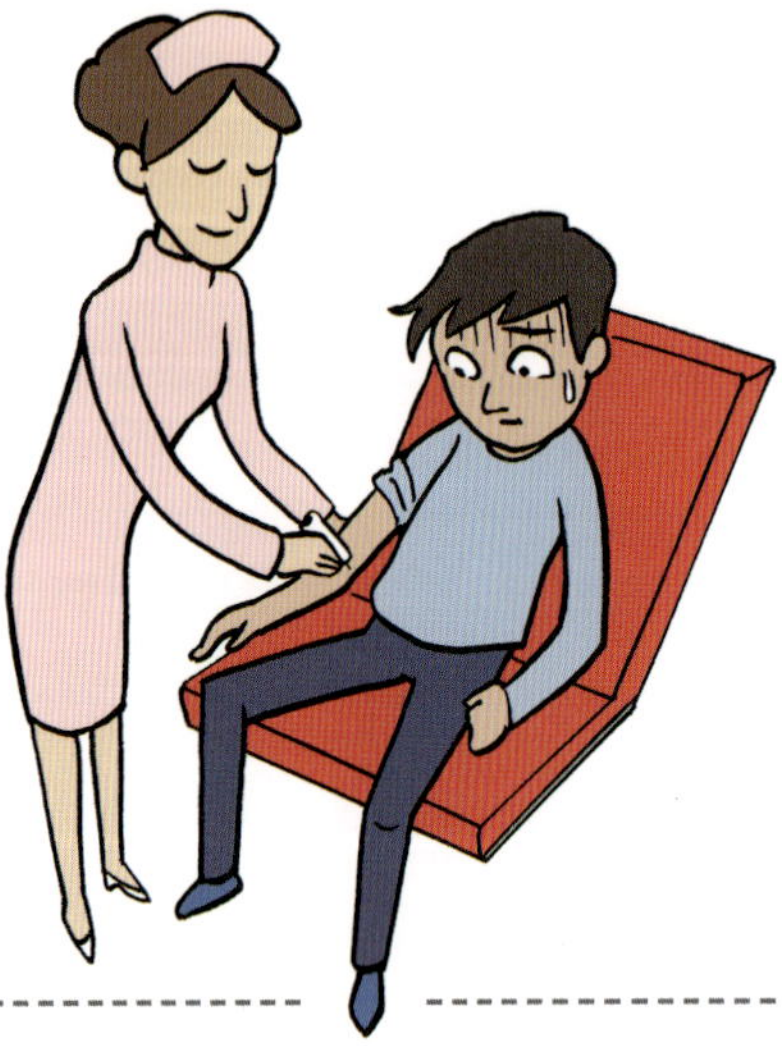

やはり高額なのは、新薬を投与される場合で、**1回あたり1万円から10万円、長期間にわたる治験の場合は、50万円を超えることもある。4日で60万円になることもある。**

このような高額バイトは「治験モニター」でネット検索すれば、すぐに見つけることができる。ただし、健康体であることが条件であったり、競争率が高かったりする。また何度も何度も検査があるので、採血などの検査が苦手な人には向かない。

治験モニターは名目上、あくまでも「医学ボランティア」で、報酬は「謝礼金」などの形で支給されている。最初、治験モニター希望者は集められて検査を受ける。心電図を取られたり、採血や採尿、血圧や身長・体重などの測定と、徹底して身体中検査されることは覚悟しなければならない。

その際数千円の謝礼金が出ることもある。

合格すると入院してさらに何度も検査を受ける。不測の事態に備えて何人かの補欠者がいる。宿泊型の治験中は、採尿・体温・心電図・血圧・採血・問診などの検査時以外は、特にすることもないので本を読んだり、ゲームをしたりしてすごすことになる。そしていよいよ投薬され、時間をおいて異常がなければ解放され、「謝礼金」を受け取って終了となる。

儲かり度解析 File 03

収入	1回 **1万～10万円**程度 (50万円を超えるケースも)
時間	24H
メリット	超高額報酬
デメリット	健康へのリスクがある
能力・資格	主に健康であること
一言	死の危険はごく少ないが、ゼロではない

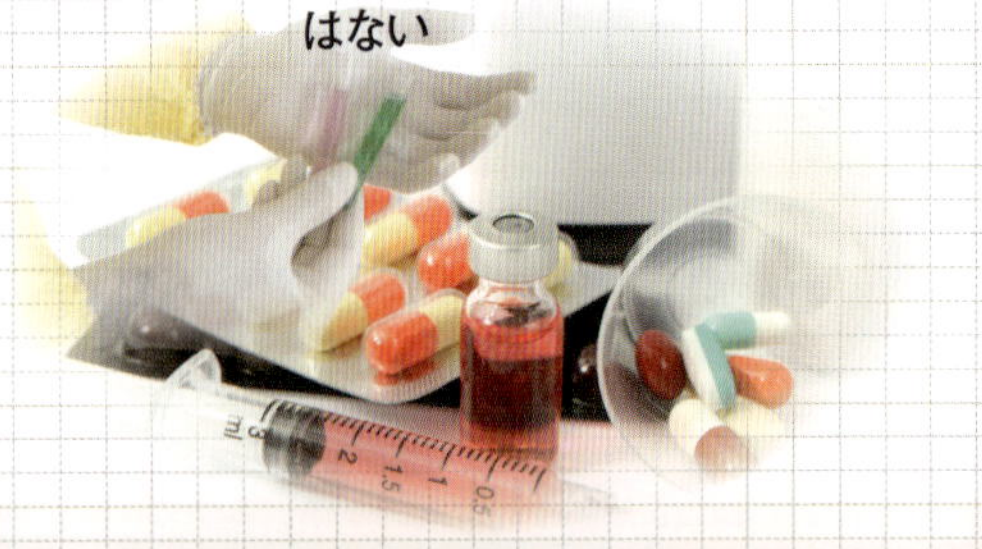

治験のしくみって、どうなっているの？

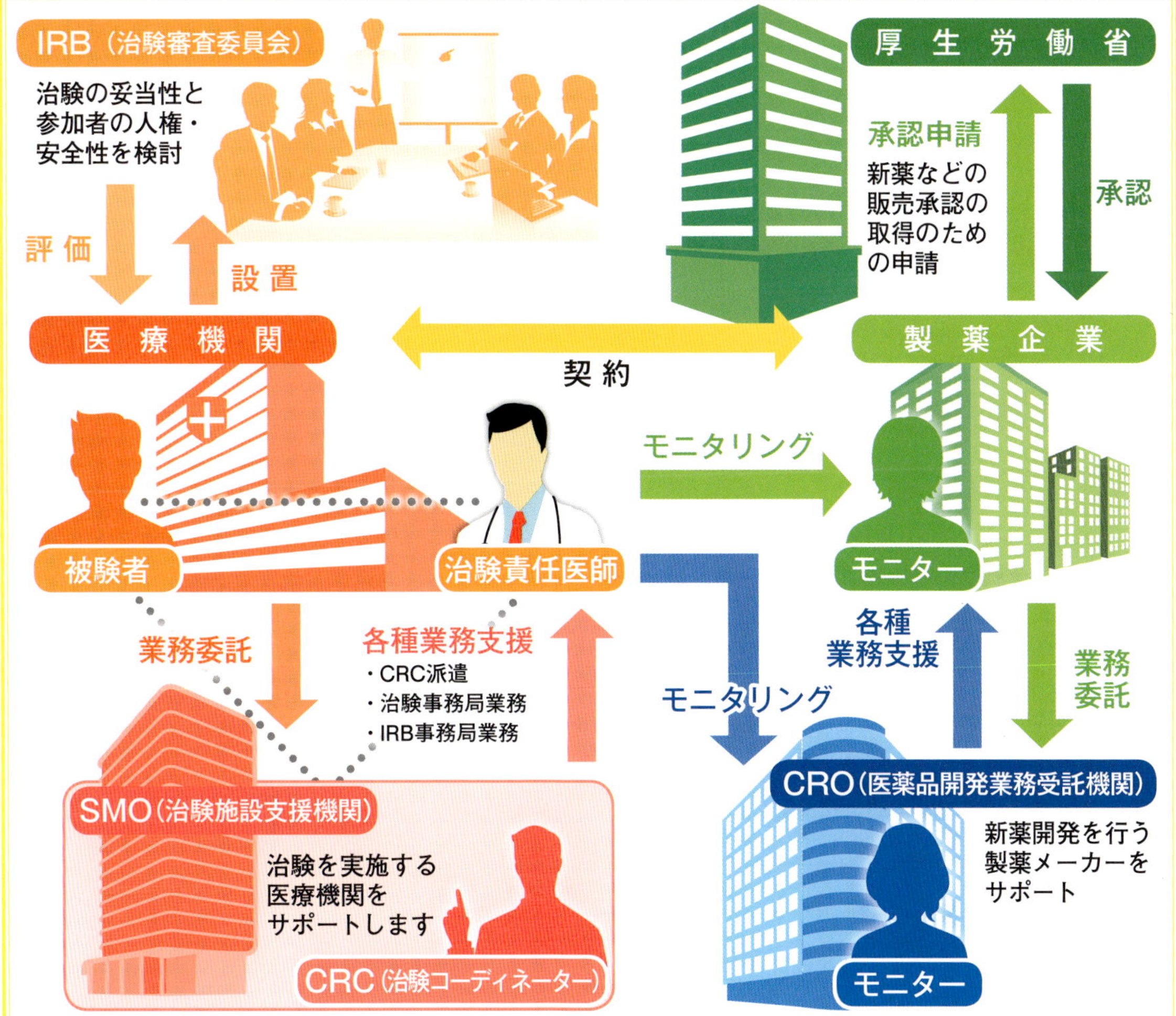

▲新薬のテストというと、どうしても「人体実験」のイメージがありますが、現在の日本では図のようにきちんと管理されています。

治験バイトのリスク

ところで、投薬の副作用などの危険性はあるのだろうか。新薬のテストというと、どうしても危ないイメージがぬぐい去れないが、日本のきちんとした医療機関であれば、危険性はゼロに近いといっていい。投薬される新薬は、大手製薬会社が何年も研究し、発売直前までこぎつけた薬品であるし、万一異常があった場合には専門の医師が控えているので、危険性はほとんどない。

しかし、ネット上にはあやしい治験モニター募集もあるので、よく調べることが必要だ。また、副作用が数十年後に出ることもありうる。そのようなリスクがあることをしっかりと認識し、**あくまでも自己責任で治験モニターのバイトをするか判断する必要がある。**

日本では、一度治験モニターで投薬を受けると数カ月間はほかの治験モニターを受けられなくなる。こっそりやっても、治験の情報は医療機関同士で共有しているのですぐ発覚し、二度と受けられなくなるので注意しよう。

4位

家庭教師

合格させれば、さらに成功報酬も!?

生徒・親に好かれる明るい性格を武器に稼ぐ！

家庭教師や塾講師は高額バイトの代表格といっていい。しかも、仕事はたいてい本業の勤務終了後の時間帯、平日夕方～夜が中心だから、副業に最適だ。

家庭教師派遣会社や学習塾は、家庭教師や塾講師に必要な条件が出身大学などではなく、生徒・親に好かれる性格や明るさであることを知っている。「東大生や東大出身者を採用してひどい目にあった」とぼやく経営者は驚くほど多いのだ。そういった家庭教師派遣会社や塾では、人気講師の場合、**時給は経験年数や過去の実績とは無関係でウナギ登りに上がる。時給1000円から始めても人気が出れば5000円程度にはすぐ上がる。**しかし人気のない講師は、すぐにクビになる厳しい世界でもある。さらに合格後に親が謝礼として、そっと数十万円単位の金額を封筒に入れて差し出すことも珍しいことではない。

雇われるのではなく、自分で開業するのもいい。開業資金は0円だし、失敗しても損害は皆無だ。セレブの子どもを教えることができれば、1週間で50万円という報酬も決して夢ではない。家庭教師を自分でする場合、何かに特化するのが成功への道だ。

たとえば、「筑波大学へ推薦試験で合格させる」「慶応大学の情報科学科に数学選択で合格させる」などの看板があると有利になる。毎年、一橋大学に1人ずつ合格させていた家庭教師が起業して、一流の予備校を創り上げた例もある。

平凡そうに思えて、総合的に見ると意外とうま味のある、狙い目の仕事である。

儲かり度解析 File 04

収入	時給1000～5000円程度
時間	平日は夕方～夜
メリット	高額報酬を得られる
デメリット	人間関係に気をつかう
能力・資格	成績を向上させる方法
一言	子どもが合格できれば、金は惜しまない親は多い

5位 チャットレディー チャットボーイ

資本は口だけのラクな商売で高収入

おしゃべり好きの人におススメ！

インターネットを使って「おしゃべり」の相手をする仕事のことだ。ここでは「ノンアダルト系」を紹介する。

報酬は、実質的には1時間2000円程度が基本だが、一度に複数の人とチャットする「パーティチャット」の場合は、時間単位の報酬×相手の人数が収入となる。

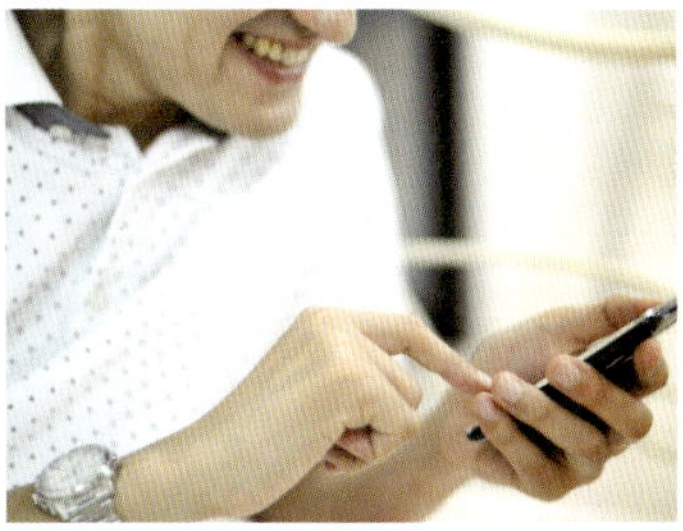

チャットサイトに登録するために必要なものは、基本的には免許証などの身分を証明するものだけで、それを撮影した画像を送るだけでいい。ウェブカメラやマイクを使うかどうかは自由とするサイトもある。指名が増えればそれだけ収入も増えるので、会員数の多い大手のライブチャットサイトに複数登録するのが高収入につながる。

収入を増やすためには話す時間を増やしたり、次回に指名してもらうことが重要だ。お客様に「話して面白かった」「また話したい」と思わせるコツは、**「聞き上手」であること**。相手の話を広げて話す楽しさを演出することが大切だ。面白いネタがあっても一方的に話すと嫌われることが多い。

「ノンアダルト系」といっても、男女を問わず、話の内容が「エッチな話」や「下ネタ」になることは少なくないので、そういう話が苦手な人には向かないかもしれない。

またメールアドレスや電話番号を相手に教えるのはトラブルの原因となるので絶対にすべきではない。しつこく聞かれたり、無理な要求をされたときも、それをさらりとかわし、相手に不快感を与えないテクニックも必要となる。

ただ、元手はいらないし、失敗しても損することはないので、もともとチャットを趣味にするなど、人を楽しませるおしゃべりができる自信のある人にはおススメの副業だ。

儲かり度解析 File 05

収入	時給2000～1万円程度
時間	24H
メリット	自分の好きな時間にできる
デメリット	人気がないと収入にならない
能力・資格	聞き上手／話題が豊富
一言	アダルト系はプライバシー侵害などのリスクが高いので要注意

6位

1件1000万円以上の純利益は当たり前!?

裁判所の競売物件転売ビジネス

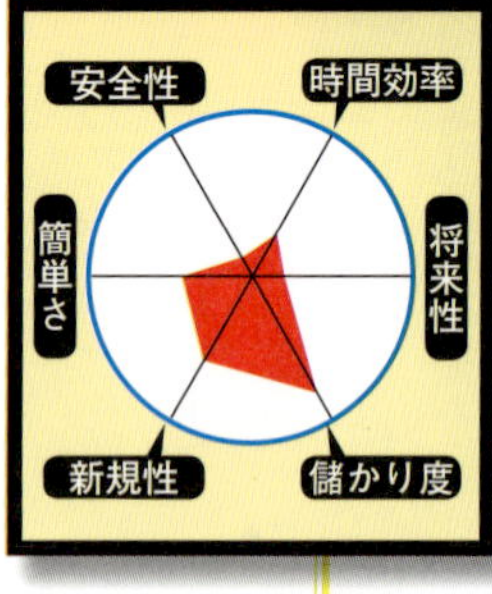

実績ゼロで不動産売買

不動産売買は儲かる商売だ。1件の取引金額が大きく、莫大なお金が動く。しかし、専門の不動産業者がひしめくところへ、素人が副業として参入することは難しい。

そんななか、ローンの支払いができなくなってしまった人が、住宅を銀行などの金融機関に担保としてとられてしまうケースが増えている。また税金の滞納によって差し押さえられてしまった不動産物件もある。このような物件は、それぞれ不動産競売、公売にかけられることもある。

競売の場合、不動産業者としての実績などはまったく無関係で、一番高い金額で入札した者が、競り落とすことができる。つまり、素人であっても落札できるのだ。

競売物件の場合、市場価格と比べて3割程度安くなるのが普通だ。市場価格の5割程度の額で落札できる場合もある。たとえば市場価格が5000万円の評価の物件を3割安の3500万円で手に入れて、4500万円で転売することができれば、1000万円儲けることができるのだ（譲渡所得税などは考慮しない場合）。

年1回でも落札し、転売できれば、それだけで生活ができる。ただし、不動産の転売を商売として行うためには、宅地建物取引士の国家資格を取るか、有資格者を雇う必要がある。そして近年、「競売不動産取扱主任者」の資格も注目を浴びている。

物件は、各地の裁判所の競売物件閲覧室に公告され、ネットでも見ることができるので、ここで探そう。また、不動産会社でも情報を提供していることがある。「競売物件　裁判所」などで検索してもいい。

競売物件のリスク

しかし、この仕事は資金がなければできず、また「ハイリスク・ハイリターン」といっていい。もとの所有者は「無理やり取られた」という意識が強いために、協力的でないことが多く、その物件にまだ住んでいたり、マンションなどでは管理費などを滞納している場合がある。また、落札後に重大な欠陥が発見されて修繕が必要になったとしても、ほとんどの場合が自腹となる。

2003年の法改正で、入札者が実際に建物の内部を見ることができる内覧制度ができた。しかしこの制度は、実際には活用されない場合が多い。内覧の申し立てができるのは銀行などの債権者だけだが、費用がかかったりトラブルが予想されたりするので、申し立てをしたがらないのだ。

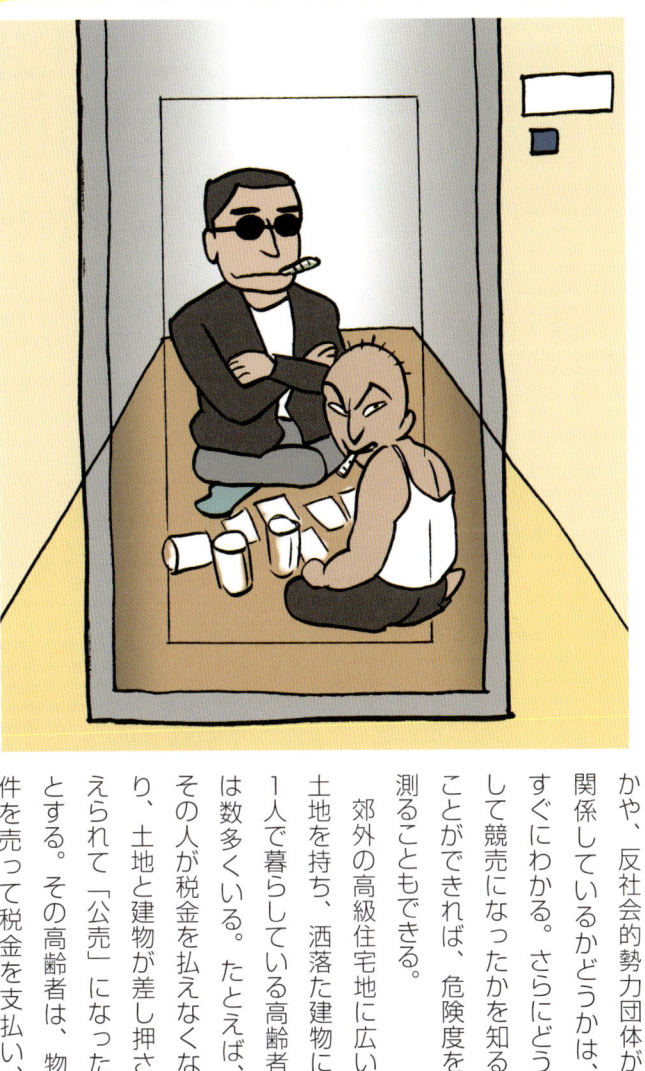

そのため入札の際、いくらで買うかを写真だけで判断しなければならないことも多い。写真撮影から数カ月が経過していることもあり、もとの所有者が嫌がらせで内部を破壊してしまい、写真とまったく異なっている可能性もある。

また、落札したあとも人が住んでいることがあり、反社会的勢力団体所属の人が住んでいる場合さえあるのだ。入居者を退去させるためには「強制執行」という手段があるが、時間も費用もかかってしまう。

リスクの回避方法

リスクばかりを並べたてたが、どの物件に入札するかを慎重に吟味し、事前調査を万全にすれば、リスクの大半は回避することができる。なにしろ儲けは莫大なのだ。

特に現地調査は欠かせない。近所の人に聞けば、その物件に人が住んでいるかどうかや、反社会的勢力団体が関係しているかどうかは、すぐにわかる。さらにどうして競売になったかを知ることができれば、危険度を測ることもできる。

郊外の高級住宅地に広い土地を持ち、洒落た建物に1人で暮らしている高齢者は数多くいる。たとえば、その人が税金を払えなくなり、土地と建物が差し押さえられて「公売」になったとする。その高齢者は、物件を売って税金を支払い、残ったお金で老人ホームに入所を希望している。こんなケースでは問題はほとんどない。

リスク回避には、**現地に何度も足を運ぶ慎重さが不可欠だ。面倒くさいなどといっていては、大金を得るチャンスを逃してしまう。**

ほかにも費用はかかるが、代行業者に実働を依頼してリスクを軽減する方法もある。ただし、悪質な業者も存在する。十分な調査と支払条件などの確認が必要だ。

儲かり度解析 File 06

収入	1件 **数千万**円も
時間	24H
メリット	とにかく大きく儲かる
デメリット	不良物件をつかむと大損する
能力・資格	宅地建物取引士、競売不動産取扱主任者
一言	年に1件でも成功すれば、それだけで数年暮らせるかも

成功者に学ぶ 特集4
サクセスの秘訣とは

リストラから一転!! 年収1億円の成功者に

重病による入院がきっかけでリストラ勧告を受けたAさんは、そこで起業を決意した。Aさんは以前から「大豆イソフラボン」に興味をもっていた。女性ホルモンに似た働きがあるとされる物質だ。

　Aさんは、「大豆イソフラボンのエキスを不妊に悩む女性に売る」こと一本に絞って事業を展開した。資金などはなかったので、マンションの6畳の部屋を事務所にして、仕入れも販売もすべてネットで行った。

　Aさんが起業した当時（2001年）は、まだネットショップが珍しい時代だった。Aさんはインターネットのことを猛勉強し、独力でネット販売のシステムを構築したのだ。

「1年で月商100万円に達しなければ廃業する」と、自ら背水の陣を敷いて働いたAさんは、8カ月後には目標を達成。いまや月商2500万円の企業にまで成長を遂げている。

Aさんから得られる教訓は、「明確なゴール設定」と「集中力の維持」だ。ゴールが設定できなければ、目的地がないわけで何も始まらない。目標があるから集中力も研ぎ澄まされる。

月50万円稼げる副業!!

Bさんは、大手情報処理企業のシステムエンジニアが本業だ。本業の収入は月27万円ほどだが、副業では月に50万円稼いでいる。それほど稼げる副業とは、「婚活パーティ」や「出会い系のパーティ」に参加者を送りこむ仕事だという。

Bさんは150ほどの主催団体と契約し、毎晩パーティに参加者を送っている。報酬は参加費の50％ほどだ。Bさん自身がパーティに参加したとき、主催者と親しくなり、頼まれて始めたのだという。

はじめは実際にパーティに参加し、参加者と親しくなって1人ずつハントしていたのだが、SNSサイトに切り替えてから、収入も効率もグンと上がった。「出会い」をキーワードにコミュニティを作れば、簡単に人が集められるという。本業の技術を活かし、告知もメールの返信も自動化したので、土曜日の午前中にパパっとやるだけで、月に400人ほどをパーティに送りこめる。クリスマスやハロウィンのときは、1日で100万円の収益になることもあるという。

ここでの教訓は、「自分の得意分野を徹底的に活用すること」だ。才能を眠らせておくのはもったいない。突き抜けるためには、長所を伸ばすことをいつも意識しておこう。

個人輸出で稼ぐ

Cさんは30歳。「個人輸入」ならぬ「個人輸出」で、月30万～80万円の利益を上げる。Cさんは、外国人観光客が土産屋で買っていくような日本的な商品を、ネット通販を使って海外に売っているのだ。扇や提灯、日本人形、高度な工芸品、浮世絵がプリントされたものなどが好評だ。この仕事のためには英語が堪能でなければならないのだが、競合相手も少なく、欧米人が日本語で書かれた日本土産の値段を確認することはそう多くはないので、高く売れるのだという。

Cさんのように「逆転の発想」ができれば、リスクもあるがチャンスは広がる。重要な局面で柔らかい思考ができるかどうかが、副業・起業成功のカギになる。

副業・週末起業からいまや上場企業に！

ソーシャルゲームで有名なグリーは、現在の田中良和社長が会社員時代にＳＮＳを1人で運営していたところから始まっている。田中社長はもともと楽天に勤めていたが、多忙な本業と副業の両立が至難の業だったのは想像に難くない。

田中社長は２００４年に独立起業する際、ＳＮＳからモバイルゲームに方向転換した。当時ミクシィがＳＮＳ市場を独占していたこともあるが、モバイル市場の発展を見越しての大英断だった。２０１０年には東証一部上場企業になった。

田中社長は現在38歳。彼の副業・週末起業から始まったグリーは２０１５年現在、資本金は約22億円、従業員数約１７００人の大企業だ。

田中社長の先見の明が現在のグリーを創り上げたといえるが、状況を見据え未来を創り出す視点こそが、経営者に求められるもの。肝に銘じておきたい。

秋葉原をウロウロして

価格.comサイトの創業者、槙野光昭氏は、パソコン周辺機器のメーカーに営業マンとして勤務していた。主に秋葉原の家電量販店やパソコン販売店に通っていたが、あるとき「どこのお店で買うのが一番安いのか」という疑問を持ち、秋葉原に集まる人たちの関心もそこにあるのではないかと思いあたったのだ。

そこで槙野氏は、秋葉原でパソコンなどの価格を調べ、価格を比較して掲載するサイトを立ち上げた。１軒1軒、足で店を巡り、１つずつ入力したという。

このサイトは次第に評判になっていった。すると、店側としても「価格.com」に登録したほうが宣伝になると考えるようになり、店頭価格を登録するシステムへと変わっていったのだ。

２００３年には東証マザーズに上場。２０１５年現在、資本金約9億円、年間売上高約３５７億円、５００人以上の従業員数を抱える企業となっている。

ここでの教えは、お客様のニーズを徹底的に掘り下げること。これがなければどんな商売をしても成功はおぼつかない。当然のことと思われるが、実践は簡単ではない。

現役らしい視点で学生起業

Mさんは帝京大学の学生のときに起業した。仕事の内容は「企業の新卒求人広告を掲載したルーズリーフを学生に向けて無料で配布する」というもの。

ルーズリーフというのは一枚一枚ばらしたノートのことで、このルーズリーフを4枚一組にして透明な袋に入れ、大学の就職課にあるラックなどに入れて無料配布する。就職課に置いたのは、就職活動に関心の高い3～4年生にターゲットを絞るためだった。

広告はルーズリーフの下の部分に掲載される。1セット4枚なので、表裏で最大8社までの広告になる。都内の約40大学（キャンパス）の中から配布先が選べ、広告作成・配布などすべてを含めて掲載料は1口4万円。広告主は中小企業に限定し、大手企業と競合しないようにした。

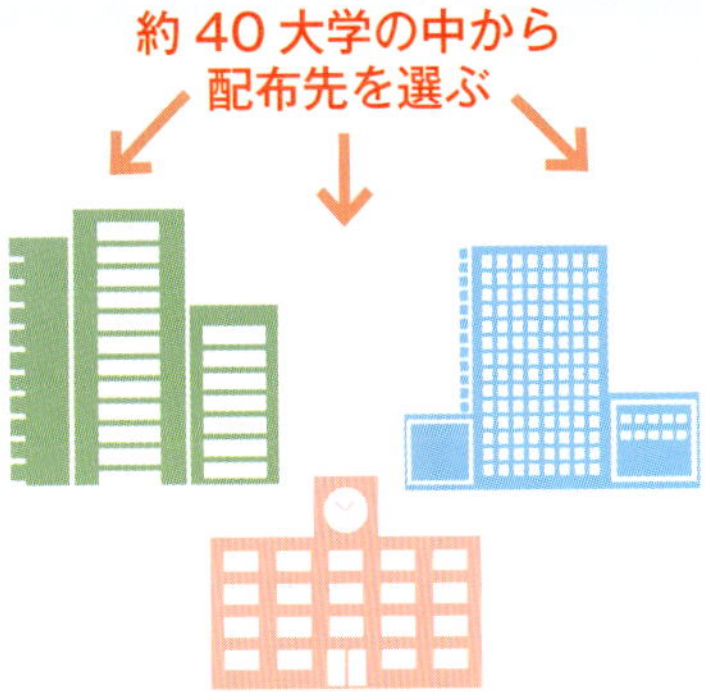

２０１１年に資本金２４０万円で株式会社として設立された。広告主からは「大学別に求人できるのが利点」「配布初日に反応があった」などの声があり、学生からは「変わった広告を出すものだと掲載企業を検索した」「ルーズリーフはノートとして使っている」などの声があった。学生らしい目のつけどころがいいと評判になったのだ。

Mさんが素晴らしいのは、自らの商売で関わる人や企業などすべてにメリットを提供したこと。三方よしの精神は商売の基本だ。強く心に刻もう。

注目!! 電子書籍作家

電子書籍作家の増加の理由は、電子書籍で本や漫画を読む人が増えていることと、書籍の作家と比べて電子書籍の作家になるハードルが低いことなどいくつかあるが、最大の理由は次のことだろう。

それは、作家への報酬が多くの場合、原稿料ではなく実売印税で支払われるということだ。電子書籍の印税はだいたい10～20％ほどだが、売れなければ印税も発生しないので、出版社にとってはリスクが低いわけだ。

電子書籍作家になるには「電子書籍作家募集」などで検索し、出版社の募集要項に従って投稿すればいい。

ボーイズラブで稼ぐ

電子書籍で知名度のない作家の作品が売れることは難しい。しかし、「ボーイズラブ」の分野なら知名度がなくてもヒットする可能性が高い。読者は女性がほとんどで、近年市民権を得て需要が増加しているためだ。仮に500円の小説が5000部売れて、印税10％のときは25万円になる。

さらに、ボーイズラブ系の雑誌などに次々に作品を書くようになれば、印税だけで生活できるようになる。多様なスタイルがあり自由なジャンルなので、ボーイズラブを目指す人は、自分にあったスタイルを確立することが大事だ。

Fさん体験談 特集5

損をしないための新常識

家族で始めた副業が大発展を遂げた！

――法人化＆NPO法人設立で経費の節減と節税 公的制度やサービスを活用してさらに儲ける！

Fさんは40代のサラリーマンだったが、神奈川県の某市で塾経営を始めた。某市は近年人口が増加している市で、子ども人口も増えていた。

塾のコンセプトは「その地域の公立トップ校H高校に合格」ということにした。そして生徒は、はじめA中学校の3年生に限定し、その後2年生にも広げた。

つまり、「A中学校の生徒を公立トップのH高校へ入れる」という目的に特化した塾を目指したのだ。私立高校志望には対応しないと、広告などにも最初から明記した。

中学1年生を対象から外したのは、神奈川県の公立高校の受験では中学1年生の成績はまったく無関係だからだ。また、対象をA中学校だけにしたのは、定期テスト対策を充実させるためだった。公立高校の入試で一番重要な内申書、つまり通信簿の成績を上げるには、定期テスト対策が重要である。中学校が複数あるとその対策が複雑になり、不十分になってしまうのだ。

Fさんは大学生時代に塾講師のアルバイトをしていて、塾のノウハウはよく知っていたという。塾経営でもこのときの経験がとても役立ったということだ。

開業場所は、自宅にも近いA中学校の近くにした。15坪で家賃は月15万円、2台分の駐車場は自転車置き場にした。中古物件だったが、リフォームずみで室内は教室として使いやすく、空調も完備されていた。

黒板だとチョークの粉が落ちるので、ホワイトボードにした。欠席者のために授業を録画し、いつでも見られるようにした。さらにイスや机は学校のようなものでなく、座りやすくしゃれたものにした。

授業時間は夜7：30〜9：30、授業料は一律月額2万円。5科目を教え、英語と数学は60分、理科・社会・国語は40分にした。生徒は週2回、120分×2回の授業を受けることになる。

「合わせ技」でさらに稼ぐ
税金や利息で100万円

攻略Point

Fさんの塾経営での工夫

お客様の喜ぶことを大切にし、サービスを徹底的に行ったのが成功の秘訣

★欠席者のために授業を録画し、いつでも見られるようにした。
★イスや机は学校のようなものでなく、座りやすくしゃれたものにして、勉強しやすい雰囲気作りを。
★開業初年度は大赤字でも、生徒を希望のトップ有名校に合格させ口コミ効果を狙う。
★授業料以上のことをしてもらっていると生徒や保護者が感じる「お得感」を重視。正規の授業以外にも定期テストや入試の対策を行い、規定よりも多くの授業を開講したが、その分に関しては一切料金を取らない方針にした。

入学金は2万円に設定し、教材費は無料にした。
　この形態だと、教える時間は平日の週4日で1日2時間となるので、本業に影響はほとんどなかった。経理や事務、生徒の成績管理、清掃などはすべて妻がしてくれたため、Fさんは授業だけすればよかった。

成功のための仕掛け

　Fさんは開業初年度は、A中学校の3年生しか募集しなかった。しかも面接を親子で行い、2年時の成績を提出してもらった。そして客観的に見てH高校へ入れる力を持つ生徒だけを入塾させ、それ以外の生徒は理由をつけ断った。そのため生徒は5人しかいなかったが、全員H高校へ合格させることができた。

　初年度は大赤字だったが、Fさんはどうしても「H高校全員合格!」という実績がほしかったのだ。Fさんのもくろみは的中し、「H高校に合格させる塾」という評判が口コミで広がって、2年目から黒字になった。

　Fさんが開業後重視したのは、授業料以上のことをしてもらっていると生徒や保護者が感じる「お得感」だった。正規の授業以外にも定期テストや入試の対策を行い、規定よりも多くの授業を開講したが、その分に関しては一切料金を取らない方針にした。

目玉商品を作る

　Fさんは、生徒をH高校に合格させるには学校の成

績を上げることが何より大切だと考えており、「通信簿」の成績を上げるために彼が特に力を注いだのが、定期テスト対策だった。主要5科目以外は無料にし、保健体育、美術、技術家庭、音楽の技能科目は妻が教えた。幸いなことに妻は芸術系や体育系が得意だったのだという。定期テストの10日ぐらい前から、土日も使って定期テスト対策を行った。時間も延長し、生徒が自由に勉強できるように教室を開放した。

　初年度は生徒が5人しかおらず、非常に親しい間柄になっていたので、定期テストが終わったあとには9科目すべてのテスト用紙を持ってきてもらい、それをスキャナーで取り込んでいた。次年度からは、これを定期テスト対策として利用した。さらに兄や姉がいる生徒から、過去の定期テストを入手することもできた。

　この方法はいまも続いている。過去の定期テストを集めて分析すると、学校の先生がどのような問題を出すかはおおよそわかってくる。だから「あの塾の予想問題は当たる」と評判を得ることができた。これは大きな財産でもあり、Fさんの塾の目玉商品になっている。

節税対策

　Fさんは開業後4年間は、副業として塾を経営していた。銀行から開業資金として300万円ほど借りていたが、税理士として働いている学生時代の友人に「利息は必要経費になる」と教えてもらい、節税することができた。さらに彼のアドバイスで、事務所以外の自宅の家賃や光熱費なども4分の1が仕事用として認められ、自家用車やパソコン、新たに購入したコピー機やビデオカメラなども減価償却の対象となった。

　初年度は赤字だったので、副業分の所得税を気にする必要はなかったが、2年目以降は、「税務署はトータルバランスで判断するから、領収書などあまり神経質にならなくていい」とか「これは必要経費になるよ」など、税理士の友人にいろいろと具体的なアドバイスをもらい、節税に大いに役立った。このように**節税に関しては、お金を出してでも専門家のアドバイスを受けたほうがいいだろう。**

株式会社設立

　Fさんの塾は順調に成長を遂げた。「H高校を目指すならこの塾」と口コミで伝わり、教室は満員になった。そこで、もっと広いスペースを借り、講師も雇って事業を拡大することにした。対象とする中学校も3校に増やした。それを期に、勤めていた会社も辞めた。塾を始めてから5年目のことだった。

　独立開業には1000万円ほどの資金が必要で、Fさんはそれを、地方公共団体が運営する「創業支援融資」で借りることにした。利息は2%ほどで、銀行の利息よりはるかに低い利率だった。そのことで利息にかかるお金を大幅に節約することができた。

　Fさんは法人を設立するか、個人事業主としてやっていくか、かなり迷ったが、それぞれの税額を計算すると、法人のほうが驚くほど安くすむことがわかった。そこで将来のことも見据えて、株式会社にすることにした。もし、銀行からお金を借りて、個人事業主として税金を払うと、年間で100万円以上損する計算になる。Fさんは判断を誤っていなかったと確信した。

助成金とあき時間でさらに稼ぐ

　Fさんは資金繰りを少しでも楽にしようと、助成金や補助金について調べた。そして、講師や職員を雇う際に厚生労働省の「特定求職者雇用開発助成金」を受

特定求職者雇用開発助成金

対象労働者		支給額	助成対象期間	支給対象期ごとの支給額
短時間労働者以外の者	高年齢者（60歳以上65歳未満）／母子家庭の母など	50万円 （90万円）	1年 （1年）	第1期 25（45）万円 第2期 25（45）万円
短時間労働者以外の者	重度障害者等を除く身体／知的障害者	50万円 （135万円）	1年 （1年6カ月）	第1期 25（45）万円 第2期 25（45）万円 第3期 ―（45）万円
短時間労働者以外の者	重度障害者など	100万円 （240万円）	1年6カ月 （2年）	第1期 33（60）万円 第2期 33（60）万円 第3期 34（60）万円 第4期 ―（60）万円
短時間労働者	高年齢者（60歳以上65歳未満）／母子家庭の母など	30万円 （60万円）	1年 （1年）	第1期 15（30）万円 第2期 15（30）万円
短時間労働者	重度障害者などを含む身体／知的／精神障害者	30万円 （90万円）	1年 （1年6カ月）	第1期 15（30）万円 第2期 15（30）万円 第3期 ―（30）万円

＊（ ）内は中小企業事業主に対する支給額および助成対象期間です。
本助成金を受給するためには、いくつかの条件があります。詳細は厚生労働省のホームページでご確認ください。

けるため、シングルマザーや高齢者を短時間労働で雇うことにした。能力は高い人たちで、60万円（短期労働者の場合）×人数分がまるまる得になった。

Fさんにはまだ1つ気になることがあった。以前の3倍のスペースを借りて、家賃も3倍となったのに、使う時間は夜7：30〜9：30のままであることだ。あまりにもあき時間が多く、非効率ではないかと思われたのだ。ほかの塾のように、早い時間に小学生を教えることも考えたが、塾のコンセプトは崩したくなかった。

そこで、午前10：00から午後7：00までのあき時間を、語学やヨガ、囲碁や将棋、パソコンや絵画などを教えたいと思っている人に貸し出すことにしたのだ。レンタル料は家賃ではなく、利益に対するパーセントにしたので、あき時間は少しずつ埋まっていった。さらにはボランティアで高齢者向けの講座を開きたいという人たちもきた。つまり、「カルチャー部門」の新事業を立ち上げた形になったのだ。

NPO法人にしてさらに節約

Fさんは「カルチャー部門」が盛況になっていくと、これを独立させて、NPO法人にすることを思いついた。すると税金面でさらに得になり、信用も増して、公的な機関との交流も深まった。公的な支援やサービスも受けやすくなった。

ボランティアの人も集まって、さまざま人たちと話すことができ、面白いアイデアを聞くこともできた。ボランティアの中には弁護士や医師、もと大企業の社長やITの専門家などもいて、多くの人脈を持つこともできた。

こうしてFさんは、いまでは市内の3カ所に塾＋カルチャースクールを持つようになった。サラリーマンの副業にすぎなかったFさんの事業は、株式会社やNPO法人となり、発展し続けている。

執　筆／北田 瀧
編集協力／ユニバーサル・パブリシング株式会社
カバーデザイン／宇都木スズムシ（ムシカゴグラフィクス）
カバーイラスト／カマタミワ
イラスト／つぼいひろき　ながさわとろ（ユニバーサル・パブリシング）

みんなが知《し》りたかった！　最新《さいしん》×稼《かせ》げる　副業《ふくぎょう》・起業《きぎょう》

2015年9月10日　初　版　第1刷発行

編著者	TAC出版編集部
発行者	斎藤博明
発行所	TAC株式会社 出版事業部（TAC出版）
	〒101-8383　東京都千代田区三崎町3-2-18 電 話 03（5276）9492（営業） FAX 03（5276）9674 http://www.tac-school.co.jp
組版	ユニバーサル・パブリシング株式会社
印刷	株式会社 光邦
製本	東京美術紙工協業組合

ISBN 978-4-8132-6262-6